解讀易經的奧祕　卷十四

因果使社會安和。

風靡中國十億人口
知名大師
曾仕強
教授◎著述

國家圖書館出版品預行編目資料

解讀易經的奧祕. 卷14, 因果使社會安和 /
曾仕強 著述. 陳祈廷 編著. -- 初版. -- 臺北市：
曾仕強文化, 2015.01
面； 公分
ISBN 978-986-89499-7-3（平裝）
1.易經 2.研究考訂
121.17 103019433

解讀易經的奧祕・卷14

因果使社會安和

作　　者　曾仕強
發 行 人　廖秀玲
編　　著　陳祈廷
總 編 輯　陳祈廷
管 理 部　吳思緯
行 銷 部　邱俊清
主　　編　林雅慧
編　　輯　李秉翰
出 版 者　曾仕強文化事業有限公司
地　　址　台北市中正區重慶南路一段57號8樓之14
服務專線　＋886-2-2361-1379　＋886-2-2312-0050
服務傳真　＋886-2-2375-2763
版　　次　2023年1月二刷
I S B N　978-986-89499-7-3
定　　價　新台幣550元

【作者簡介】

曾仕強 教授

英國萊斯特大學管理哲學博士、台灣交通大學教授、興國管理學院首任校長、台灣師範大學教授、人類自救協會理事長、新人類文明文教基金會榮譽董事長。

曾教授學貫古今，數十年來醉心於中華文化和西方現代管理哲學之研究，在國學、企管、哲學、教育等諸多領域上，皆有極高深的造詣。三十年前，世界五百強企業尚無中國企業能躋身其間，曾教授便已洞察趨勢，率先提倡「中國式管理」學說，被譽為「中國式管理之父」。迄今，曾教授已巡迴全球，完成逾五千場以上之演講，為臺灣生產力中心調查「最受企業界歡迎的十大講師」之一。

近年來，曾教授應大陸中央電視台邀請，至「百家講壇」欄目，主講「經營之神胡雪巖的啟示」、「易經與人生」等主題，收視率勇奪全國之冠；二〇〇九年主講「易經的奧祕」系列；二〇一一～二〇一二年主講「易經的智慧」、「點評三國演義」；二〇一二年主講「道德經的奧祕」、「道德經的玄妙」，內容風靡全中國，不僅掀起一股國學復興浪潮，更被評選為第一名的國學大師。

曾教授著作有：《易經真的很容易》、《易經的乾坤大門》、《人人都不了了之》、《易經的中道思維》、《中國式管理》、《總裁魅力學》、《樂天知命的無憂人生》、《修己安人的領導魅力》、《為官之道》、《道德經的奧祕》……等數十本，其中《易經的奧祕》一書銷售量已突破五百萬冊，高居台灣與大陸各大書店文史哲類暢銷排行榜總冠軍。

前言──代序

俗諺：「種瓜得瓜，種豆得豆」，這是大家都看得見的因果律，合乎科學的理則。《孟子．盡心篇》所說：「殺人之父，人亦殺其父。殺人之兄，人亦殺其兄」，屬於哲學的因果律，有時候看得見，有時候看不見。至於「天網恢恢，疏而不漏」，則是大家共有的信念，有如「綠燈行、紅燈停」的交通規則，似乎早已不證自明。而比較容易引起爭議的，應該是所謂的「三世因果」──把這一世說不清楚的因果關係，追溯、延伸、拉長，牽扯到前世，甚至於前幾世。於是有人開始懷疑：真的有前世嗎？這種死無對證，既不能證明「有」，也無法證明「沒有」的問題，恐怕永遠難以獲得實證。大家只好見仁見智，紛紛以「你看呢？」來互相包容，也彼此尊重。求同存異的態度，似乎是大家雖不滿意，卻勉強可以接受的方式。

因果論的基礎，建立在「有什麼樣的果，就必定有什麼樣的因」，期望大家把過分「重視結果」的心態改變過來，成為「重視原因」。務求預先種下「善因」，以期產生「善果」。由於「因」在先，「果」在後，所以先重視因，比較容易掌握後來的果。如此一來，我們更能深一層體會孔子所說的「盡人事以聽天命」──「盡人事」便是重視「因」，把「因」的部分盡心盡力把握好；而「聽天命」的意思，則是「因」已經造成了，會產生什麼樣的「果」，那就聽天由命吧！既然人沒有辦法完全掌控，倒不如放輕鬆一些，抱持欣然接受的心態。

既然「有因必有果」，而且有什麼樣的「因」，就必然產生什麼樣的「果」，為什麼我們只能重視「因」，卻掌控不了「果」呢？這是因為倘若「一因生一果」是必然的關係，而我們人類愈來愈忙碌，幾乎是一個「因」接著另一個「因」，連續地產生。現代又加上「快、快、快」的要求，產生那麼多的「因」，即使能夠按照「因」的順序，來表現出「結果」，也難免彼此之間的矛盾、衝突，產生若干變化，叫人怎麼看得清楚？又如何想得明白？

甲因生甲果，有如種南瓜得南瓜，我們很容易認定。然而人的念頭和行為，不斷地產生，究竟哪一個「果」是哪一個「因」的產物，連我們自己都搞不清楚，別人又怎麼能夠看得明白？甚至是「因」是「果」，有時就連我們自己都搞不清楚，我們認為它是「因」，想不到卻是很久很久之前的「因」所顯現出的「果」；我們看它是「果」，卻也很可能是剛剛才種下的「因」。因果關係就是如此錯綜複雜，所以才會引起諸多疑惑，令人不敢相信。

易學的因果論，寫在坤卦的〈文言傳〉中：「積善之家，必有餘慶；積不善之家，必有餘殃。」並且舉例說明：臣子殺害君主，兒子殺害父親，絕非一朝一夕的突發事件。推究其發生原因，都是從平時所逐漸累積而成，由於我們不能及早加以明辨，才導致這樣的結果。這種因果論，散見於很多卦爻之中，譬如乾卦初九：「潛龍勿用」。而坤卦初六：「履霜堅冰至」，則更是明白指出「履霜」是「因」，「堅冰至」為「果」。既然看到「履霜」的「因」，就要及早妥為安排，以期有效因應「堅冰至」那天的到來，產生安全、舒適的「果」。倘若不能及早做好準備，一旦「堅冰至」到來的那天，還誤以為是「因」，那就真的只能自嘗惡果了。由此可證，「倒果為因」實在是相當常見的現象啊！

因果論最大的功用，在於促使大家重視原因，凡事慎始，還要能夠見微知著、未雨綢繆，及早做好因應的準備，並且在過程中小心謹慎、步步為營，如此一來，應該就可以收慎始善終的效果。即使出乎意料，無法善終，也就只好聽天由命了！

人世間的因果關係極難推測，難以找出定律加以規範。我們知道「有因必有果」，但是相同的「因」，未必能夠產生相同的「果」。同時，人有理智，也有情感。在理智方面，也許是「人同此心，心同此理」，比較容易獲得一致的看法；至於情感方面，則是變化多端，非但他人不得而知，有時就連自己也不明究理，很難建立起共識。

儘管如此，中國人仍然喜歡用「因果」來看歷史。看到後果時，總要追根究柢，尋找所以如此的根本原因。我們在決定歷史命運方面，十分相信「人定可以勝天」，認為人的自由意志，可以適當地改變天的意志，所以說：「天聽自我民聽，天視自我民視。」天配合民的要求，民可以改變天意。

我們是《易經》民族，深受「一陰一陽之謂道」的影響。一方面知道天理難明、天威難測，人最好能夠順天而行；一方面卻又認為如果人的意志力夠堅強，就可以改變天意。「天人合一」的觀點，便是天（天地）和人（男女）良性互動所獲得的成果。「贊天地之化育」用現代的話來說，就是人與大自然共同演化，共同創造出生生不息的宇宙生命。

現代人察覺到環境的破壞、物種的滅絕、社會的不公，以及地球人口的超出負荷，已經可以預見大災難的來臨。近年來氣候異常、太陽持續膨脹、蜜蜂大量減少、南北極冰原快速融化、海水上漲、水源枯竭到發出嚴重的缺乏飲用水信號……使人類不得不由數百年來極力主張「人力勝天」、「征服自然」的狂熱中冷卻下來，尋求東方「天人合一」的智慧，在順天應人的原則下，與大自然共同演化。乾卦「元、亨、利、貞」的美德，適時指引我們「貞下起元」的契機，也就是易理救宇宙的最大覺醒。中華民族在二十一世紀的重責大任，就是「以易理指導科技」，以期能夠引領全體人類共同走向正道。

我們要解決當前面臨的生存危機，最好的方式便是由「因」著手，尋求何以致此的根本原因。《易經》的數，以「三」為樞紐，告訴我們宇宙一切的總根源，即為「陰、陽」以及「陰陽的交易」。我們對「陰、陽」已經大致有所瞭解，接下來，就要對「陰陽的交易」再做進一步的探討。〈繫辭・下傳〉指出：「日往則月來，月往則日來，日月相推而明生焉。」太陽（陽）西下時，月亮（陰）就東升；月亮（陰）西下時，太陽（陽）便東升。太陽（陽）月亮（陰）交相推移，光明才得以常生。日月交替出現是因，我們獲得光明是果。同樣：「寒往則暑來，暑往則寒來，寒暑相推而歲成焉。」寒冬消失時，暑夏接著來；暑夏過去時，寒冬接著來。寒冬暑夏交相推移，年歲因而形成。寒冬暑夏相推是因，年歲形成則為果。孔子因而感歎：「窮神知化，德之盛也」，精研事物變化的道理，窮盡到明白什麼叫做「神」，也就知道什麼是「變化」，那就是才德最高的人。「神」是什麼？便是神奇、神妙、神速的交易變化。一為天數，二為地數，三是變化的數。一為陽，二為陰，三便是交易變化的神，也稱為「參」。參贊天地的化育，十分神妙、神奇、神速，叫做「神明」。在《易經》六十四卦中，乾為陽，坤為陰，其餘六十二卦，即是陰陽交易變化的「神」。老子說：「一生二，二生三，三生萬物。」司馬遷說：「數始於一，終於十，而成於三。」由此可見，「三」這個數，果真十分神妙，用現代的話來說，應該就是「能量」。〈繫辭・上傳〉說：「陰陽不測之謂神。」這裡所說的「神」，並不是人格化的鬼神，而是神奇、神妙、神速的意思。當我們把握「陽」時，它卻轉化為「陰」；當我們把握「陰」時，它卻轉化為「陽」，實在難以測度。為什麼陰陽變化不測呢？就是能量促使陰陽相互推移激盪，從而產生無窮的變化，所以難測。但是，難測還是要測，易占透過「數」的變化，經由〈繫辭・上傳〉所說：「極其數，遂定天下之象」，來畫出相應的「象」，再由「象數」推出應變的「道理」，這才說：「極數知來之謂占」。極盡蓍策的數，預知未來的變化，即為占筮，實際上，這也是透過「因果關係」來加以「推理」。使大家心中有數，也就是現代所說心理上有個準備，比較不致慌張失措或恐懼不安，對於生活安定、內心安寧、社會人群和諧等方面，都有很大的助益。

既然有因便有果，我們就應該及早思患預防，事先做好充分的準備，來因應未來可能發生的種種變化。把現代人重果不重因的錯亂，改變成為重因即是重果的正常觀念，如此一來，將有助於身心靈的健康與平衡。期待各位先進，共同來扭轉這種結果論的缺失，至為感禱。

曾仕強 謹識於台灣師範大學

編者序

在科技掛帥的現代社會，很多人一聽到「因果」兩字，就嗤之以鼻，覺得是一種既落伍又迷信的思想。然而，一聽到「定律」兩字，例如「萬有引力定律」、「能量不滅定律」時，卻又覺得很科學、很時髦、很現代。

事實上，「因果」就是一種「定律」，並非迷信。我們常說「種瓜得瓜，種豆得豆」，表示既有種瓜、種豆的因，就會產生得瓜、得豆的果。當物體上升，到達最高點時，必然隨之下降；箭射得再遠再快，最終還是要落地……諸如此類的因果定律，隨時隨地都能夠加以驗證。也可以說，因果定律就是最基本的科學法則。只是，有些因果我們看得清楚，有些則受限於種種因素，使得我們暫時看不清楚。但不能因為看不清楚，就認定它並不存在。宇宙間的萬事萬物，都脫離不了因果法則，只要細心觀察，就能發現天人物我，皆是處於循環往復的因果關係當中。宇宙人生，都是由於因果關係的維繫，才得以亂中有序，生生不息。

同樣的，易學也相當重視因果關係。《易經》的因果論，散見於各卦、爻辭的字裡行間。其中，炎黃子孫最琅琅上口的，莫過於〈坤卦‧文言〉的：「積善之家，必有餘慶；積不善之家，必有餘殃。」提醒我們重視因果、積善修德的重要性。凡事有因必有果，而所有的後果，也必然有其前因。現代人想要解決當前所面臨的種種危機，最好的方法便是從「因」著手，找出其根本原因，隨時修正調整，防止危機的產生——唯有預先種下善因，才能期待善果的熟成。

本書中，曾教藉由剖析「无妄卦」、「隨卦」與「蠱卦」，幫助我們深入瞭解何謂因果關係，以及因果律和宇宙人生的重要關聯性。若是人人都能重視因果，時刻以「无妄」自勉，懂得隨卦「隨機應變、隨緣歡喜、隨遇而安」的道理，並且防微杜漸，及時整治蠱亂敗壞的因子，必能收社會安寧、人群和諧的美善果實。

曾仕強文化總編輯　陳祈廷

目錄

《第一章》

因果

為什麼不是迷信？

金屬熱脹冷縮，是一種因果律，
可以用科學加以證明，而且屢試不爽。

肚子餓了，就會想要吃東西，
肚子餓是因，想吃東西便是果。

因果關係，形成自然的秩序，
有因必有果，因果還可以互動。

因果是科學的，並非迷信，
不能因為宗教常常說起，就不予採信。

宗教說的因果，比科學還要廣泛，
科學難以證明的，宗教可以說得更清楚。

我們只要不迷信，因果關係就值得重視，
把因果關係弄明白，對我們的生活很有助益。

一・因果定律即為循環理則

大自然的現象千變萬化，然而變化的規律其實只有一條，那就是我們十分熟悉的「窮則變」。「窮」的意思是窮途末路，再也走不下去了。這時候掉過頭來，往相反的方向前進，就叫做「變」。〈繫辭．下傳〉指出：「易窮則變，變則通，通則久，是以自天祐之，吉无不利。」把變化的規律，總結為「窮則變，變則通」，也就是事物只要窮極，就會發生變化，變化了便會通達，而通達了自然持久。並且舉出大有卦（䷍）上九爻辭：「自天祐之，吉无不利」，來勉勵大家遵行此一規律，共同維持陰陽的平衡與協調，走出一條生生不息的長久道路。我們從一年的春、夏、秋、冬，可以看出氣候的變化，都是由冷變熱，再由熱變冷。春天從寒冷的冬天演變而來，逐漸轉暖。到了夏天更是溫暖，然而，只要達到炎熱的極限，便會朝向相反的方向，由熱變涼，逐漸轉為寒冷。如此年復一年，豈不是循環往復、年年如此？冷是熱的因，熱是冷的果。倒過來說，熱是冷的因，冷是熱的果。兩者合在一起，便是「陽極成陰，陰極成陽」。當然，因果定律並非直線往返，而是動態的循環。每年都有夏天，但是炎熱的程度未必相同；每年都有冬天，但是冷的狀態也不一樣。一因不一定只有一果，也可能產生相似卻不完全相同的果，所以是動態的循環，也就是活的因果，並不是死的、一成不變的。也唯有如此，才可能「通則久」，達到生生不息的動態平衡。陰陽才剛剛平衡，就立即出現不平衡；既濟（䷾）之後，緊接著就是未濟（䷿）。每一代人，都有事情要做。而每一時期，也都會有調整的必要。

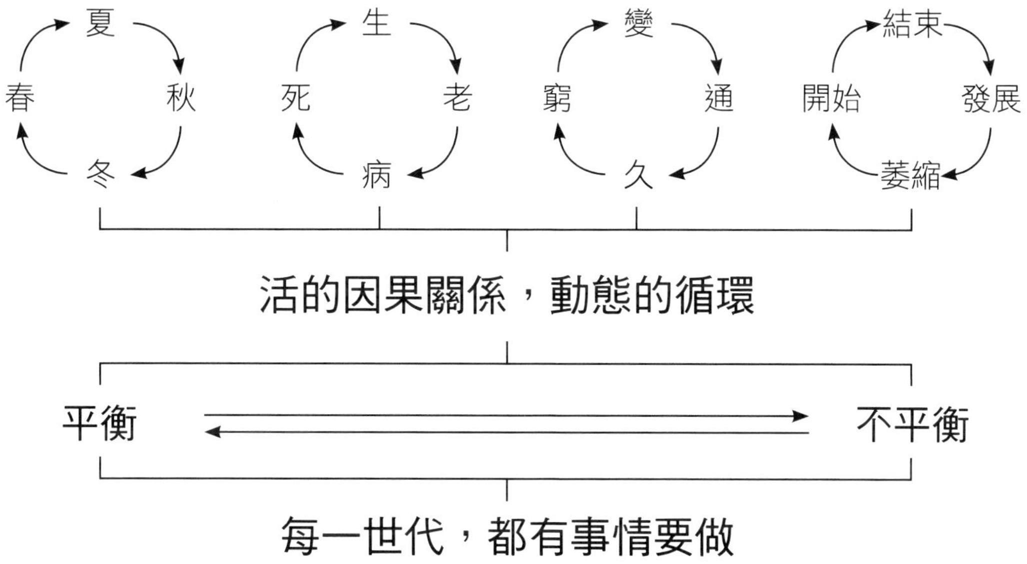
夏
春
秋
冬
生
死
老
病
變
窮
通
久
結束
開始
發展
萎縮
活的因果關係，動態的循環
平衡
不平衡
每一世代，都有事情要做

二。生命是能量消耗的過程

太陽的熱能，遠從一億五千萬公里遠的太空傳到地球，製造了生命。我們可以說：所有的生物，都是太陽的產品。植物經由光合作用，將陽光的熱能吸收、結合，以獲得成長所需要的養分。動物無法進行光合作用，便透過吃植物，或者食用某些吃了植物的動物來維持生命。我們不能沒有太陽，因為它是產生熱能的因，而所有生物，都是熱能所造成的果。熱能是工作的動力，工作是果，熱能則是因；光合作用是因，我們的生命則是果。

由於光合作用所運用的光能是有限的，所以生物的數量也會受到限制。即使地球上的生物種類有所變動，總數量並不會超過自然的定數。當人口數量快速膨脹時，照理說，我們便要盡量消除那些介乎於我們和綠色植物之間的動物，以確保我們所需要的熱能能夠供給無虞。然而，現代卻有愈來愈多的人，喜歡多吃蔬菜而不吃肉類，甚至於提倡完全素食，長此以往，是不是有可能埋下食物短缺的遠因呢？這些複雜的因果關係，到現在科學還沒有搞清楚，但至少已經促使人類逐漸覺醒，認知到這個世界並非屬於任何一個人的。我們開始懷疑，科學家能不能及時想出挽救辦法，使人類不致瀕臨滅絕命運？甚至於想到我們能不能移民到其它星球？當我們發現生命不過是消耗能量的過程時，我們也不禁懷疑：人生的價值究竟在哪裡？我們為什麼不能像牛羊那樣，直接吃草來維持生命呢？這些問題，實際上都離不開因果關係。可見因果是科學的，不能因為宗教常常提及，便把它視為迷信。離開因果，人類恐怕連消耗能量都辦不到！

太陽的熱能

↓

透過光合作用，成為生物生存的基礎

↓

轉化為動能和位能

↓

使無機物形成有機物

↓

由非生物進入生物

↓

生物死亡後被細菌分解

↓

基本原素散佈於土壤、空氣和水中

↓

被植物吸收，藉由光合作用再轉變為熱能

光合作用是因，
我們的生命是果。
生命是什麼？
不過是消耗能量的過程。

三、因果循環促成生生不息

宇宙的一切，都在不停地轉動，不但有軌道，而且有規律。藉著向心力和離心力的互動，使原本的直線運動形成拋物線，再由物極必反，變成了橢圓形的運動。這些不可避免的因果關係，構成了我們所熟悉的宇宙秩序。

太陽的熱能是因，產生光合作用是果；光合作用是因，成為生物生存的基礎是果。人類既不能創造能量，也無法消滅能量。能量是永恆的、不滅的，永遠不增加，也不會減少。只要太陽繼續照耀，光合作用持續進行，各種生命不斷地消耗能量，就有助於促成能量的循環不息。從非生物轉化到生物，再由生物返回非生物。儘管生命看起來是有限度的、單向的，死而不能復生；然而一代接著一代，又可以說是連續的，生生而不息。這種自然的循環是因，能量的傳遞是果。但也可以倒過來看：能量的傳遞是因，生生不息的自然循環才是果，稱做「互為因果」。《易經》不說「始終」，卻說「終始」，便是把「直線」的，正名為「循環」的。由始而終，很可能就這樣結束了，走完了，不再重現——這是看得見的一面，大家比較容易瞭解。但是由終返始，也就是貞下起元，告訴我們一切都是沒完沒了的。剝極而復、周而復始、循環不已、永不停息——這又是看不見的一面，大家很難清楚觀察到，所以需要用心體會、細心領悟。

觀察是因，領悟是果；也可以說領悟是因，觀察才是果。同樣的現象，為什麼大家看法不同？便是由於各人有不一樣的領悟，所以才會看出不同的結果，反之亦是如此。

能量不滅

↓

我們既不能創造能量，也無法消滅能量。

↓

只要太陽繼續照耀，

光合作用持續進行，

各種生命不斷消耗能量，

↓

就有助於能量的循環不息。

↓

剝極而復，周而復始，循環不已。

↓

不但要觀察，而且還要領悟。

四、語言文字難以清晰描述

長久以來，我們一直要求凡事要「說清楚、講明白」，而且愈來愈追求「精確化」。但是量子力學的發展，使我們了解到：憑藉我們日常的概念，根本無法清晰地描述最小粒子，導致我們對於「原子到底是不是構成物質的最小單位？」、「質子和中子這些基本粒子能不能再行分割？」等問題爭論不休。實際上，由於語言文字本身的侷限性，使我們無法針對這些極小的粒子，做出清晰、明確的說明，必須透過數學，才能勉強達成這樣的任務。因為物質的最小單位，並不像我們平常觀念裡那些實際存在的物體，而只是一種形式、一種概念，並且僅能借用數學來加以描述。科學家對於支配整體宇宙的「一」（the "one"）至感興趣，也極力加以探求，然而迄今卻仍說不出我們老祖宗所說的「太極」；只知道是「一」，卻說不明白。

近代的科學態度，造成科學與宗教的衝突，明顯地提醒我們：尋求宗教與科學的共同起源，實在是一件「非常必要」卻「極度困難」的任務。然而，此兩者在我們內心深處是共存的。科學家大多相信宗教，而具有一般科學知識的人，則以排斥宗教為榮，這種矛盾現象值得大家深思。難道科學家心中明白：科學無法瞭解真相，充其量只能接近真相？有一隻始終弄不明白的手，使他們不得不相信宗教。但是世界上至少有五大宗教，為什麼彼此爭執不休？是不是宗教自身也和科學一樣，有著解不開的謎呢？事實上，人類的「創造性」和「自主性」，都受到「侷限性」的制約，我們最好能夠深切體會這一條自然規律，並且做出適可而止的自我約束。

語言文字有其侷限性

↓

科學與宗教又分頭進行

↓

造成兩者很大的隔閡

↓

科學家大多相信宗教　　學科學的人卻大多不相信宗教

↓

這兩者都有調整的必要

↓

真理只有一個，不應該各說各的

↓

雙方都要適可而止，共同尋找可以互通的共識

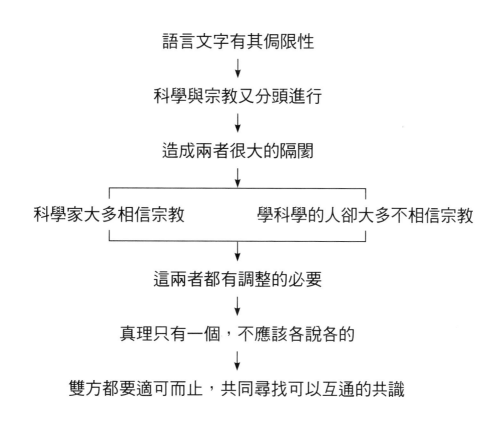

五・人為因素使因果更複雜

世間萬物，好比一群烏合之眾，卻在不知不覺之間，構成一種自我約束的龐大系統。每一種個體，不斷地變化，卻能夠維持其整體不變，難道這還不夠神奇、神妙、神速嗎？難怪我們經常讚歎：「好神喔！」倘若想要有一個答案，恐怕就是「當一個系統從平衡轉變為不平衡時，這種不平衡狀態所引起的事件，能夠促使此一系統重新回復到平衡狀態。」譬如當某種生物大量繁殖時，就會產生食物不足的問題。由於缺乏食物和環境過分擠迫，導致該種生物不是捱餓生病，便是體弱而容易被其他生物所捕食。自然的生態系統，透過許多繁複的因果關係，由不平衡而恢復平衡，接著再由打破平衡而趨於不平衡。換句話說：不平衡是因，導致新一輪的平衡是果；平衡是因，造成不平衡則是果。加上各種不同的適應與進化，當然也各有不同的限制。譬如缺乏食物，會導致捱餓生病，而過分擠迫，也產生了情緒方面的影響，以致失去調和作用，造成很多個體由於壓力或受驚而死亡。在有了人類以後，增加了太多人為的因素，特別是人類喜歡把每一件事物都精細、整齊地加以劃一，要求模型化、制式化。殊不知，此舉卻把自然的生態網給扭曲、錯亂了！

人喜歡創造，具有自主性，倘若不知敬天順天，過分強調人定勝天，不受侷限，也不知自我約束，那麼人為因素就會干擾、破壞自然的修復能力，使得大自然生生不息的連續性，遭受到極為嚴峻的挑戰。現代氣候異常、天災不斷，各種變化難以預測，其實都是因果關係掙扎應變下所產生的惡果。

大自然遠比我們所想像的還要複雜

↓

我們喜歡模型

大自然卻活潑得多

↓

我們以為因果是局部的

實際上卻具有連續性

↓

人的智力，不足以完全瞭解因果關係

不應該把它當做一架人為的機器

↓

人為的因素，使得因果關係更加複雜

這是我們必須自行約束的主要原因

六、天垂象應該是自然語言

宗教語言和科學語言，都在解析宇宙真理。但由於語言的限制，充其量只能把宇宙真理描述到相當的程度，有時甚至愈說愈難以理解，令人有種摸不著頭緒的感覺，這才造成了溝通上的困難。倘若分道揚鑣，勢必愈隔愈遠，很不容易二合為一；倘若彼此打壓，極可能重現歷史上科學家遭受迫害的事件，並不是良好的現象。最好的方法，應該是雙方密切溝通，妥為商量，尋求一種彼此都能接受的共通語言。

「天垂象」，應該是一種上天賜給人類的共通語言，可以稱為自然語言。一直到現代，「天垂象」始終沒有放棄，也沒有改變傳達的方式。可惜人類自從有了語言文字以後，便埋著頭，在語言文字堆中想盡辦法，卻徒勞而無功。為什麼不效法伏羲氏當年的做法，把頭往上仰，還要仰得再高一些，從觀天象來加以體會，以「天垂象」為共同的觀察目標，發揮「一陰（宗教）一陽（科學）之謂道」的精神，如此一來，才有建立共識的可能性。不幸的是，現代人崇尚科學，幾乎把科學當做宗教來看待。而科學似乎也想取代宗教的地位，在不知不覺中，把自己也變成了一種宗教。現代科學在克服自然、利用自然以滿足人類基本需求的方面，獲得非凡的成就，已經得到人類的敬仰。然而，卻在：人是什麼？生命的價值在哪裡？為什麼自然資源急速地消耗？核子武器的威脅如何解除？醫藥衛生為什麼反而破壞了人類的自我修復能力等種種方面，無法對人類做出交代。可見宗教和科學，都只是學問的一部分，而不是全部。於是，我們便想起《易經》，好像涵蓋了整體宇宙人生，顯得更具有完整性。

「天垂象」是自然語言

上天賜給人類的共通語言

一陽為科學　　一陰即宗教

必須合而為一，才能找到真理

科學想要取代宗教
變成科學教

宗教極力科學化
成為科學教

可惜貌合神離，迄今沒有重大成果

↓

最好回歸原點，從《易經》再出發

↓

把因果關係詳加領悟

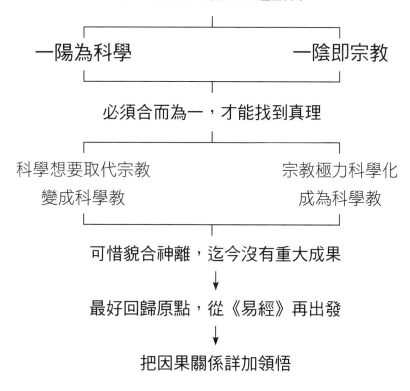

1 宇宙人生，都是由於因果關係，才得以亂中有序，生生而不息。科學講因果，宗教也講因果，但由於立場不同，所採取的角度不一樣，所以產生了不同的語言，彼此顯得難以溝通。

2 「天垂象」是自然語言。我們生存在大自然中，當然應該要以「天垂象」做為共同語言，以建立起彼此共識。在交通發達、資訊蓬勃發展的現代，更需要對宇宙有共同的認識。

3 「Science」的本意應該是「學問」，包羅萬象，舉凡天文、地理、文學、宗教、語言、哲學、道德、體育……都是「學問」的一部分，所以把它翻譯成「科學」實在很不妥當。現代人把科學神化了，都認為科學萬能，因此造成十分嚴重的後遺症。

4 科學由哲學分化出來，有「分科的學問」，也有「不分科的學問」。哲學是科學的母親，在生出很多科學之後，哲學這位母親當然也可以同時存在。分科不能取代全科，全科包含所有的分科。學問有專也有通，必須兼顧並重。

5 《易經》是所有學問的共同起源，範圍廣大無比。我們由《易經》來看所有的學問，應該可以正本清源。相當於抓住了根本，放下來遍達所有枝葉，當然有一以貫之的效果。

6 有鑑於此，我們最好能先從《易經》的經文和十翼，來看看易學究竟是怎樣闡述因果的？再從這裡出發，探究「理、氣、象、數」的連鎖作用，領悟一氣呵成的妙用。當然，我們要從「先天一炁」談起。

《第二章》

易學
怎樣闡述因果律？

一陰一陽互動是因，
造成六十四卦便是果。

萬物皆有本性，是因；
恆常遵循自然律，是果。

我們看明白因果關係後，
才會知道什麼是易學所說的不易。

為什麼不易之外還有變易？
因為有一些因果關係我們看不明白。

事出必有因，有隱也有現，
科學與宗教，正好在這裡取得互補。

因果關係是科學與宗教的共同依據，
《易經》則是所有學問共同的因果基礎。

一・一陰一陽是基本因果律

伏羲氏觀察天垂象，發覺萬物的變動，並不是亂流衝撞，而是有規律、守規矩的變動。他首先提出的因果關係便是「一正一反」——正是因，反為果；倒過來看，反為因，正則為果；合在一起想，那就是正反互為因果。有正即有反，兩者同時出現。正顯反隱，而反顯正即隱。後來把「正反」的範圍擴大，稱為「陰陽」，所以說「一陰一陽之謂道」。

宇宙萬物的基本構成元素，叫做「道」，孔子把它稱為「太極」。「太極生兩儀，兩儀生四象，四象生八卦」。生是作用，生出萬物，這種過程便是自然孕育，自然而然地孕育出自然萬象。乾（☰）、坤（☷）、震（☳）、巽（☴）、坎（☵）、離（☲）、艮（☶）、兌（☱）八個經卦，代表各種「動能」的特性；八卦的排列，乾一、兌二、離三、震四、巽五、坎六、艮七、坤八，則是「位能」的象徵。「動能」指在運動及進行工作中的性能，「位能」指潛儲未用時的狀態。〈說卦傳〉指出：「天地定位，山澤通氣，雷風相薄，水火不相射，八卦相錯。數往者順，知來者逆，是故易，逆數也。」宋朝以後，才根據此一說法，畫成先天八卦圖。乾南坤北，離東坎西，兌居東南，震居東北，巽居西南，艮居西北，於是八卦相交而成六十四卦，用現代的說法，應該稱為「八卦的定位學」。由乾一到震四，採逆時針方向，而自巽五到坤八，則改採順時針方向，兩者正好構成一個「S」形，表示因果關係有順有逆，有正有反，有顯有隱，是活的，並不是死的。〈繫辭・上傳〉開宗明義指出：「天尊地卑，乾坤定矣！」即明確表示了自然律的存在。

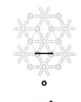

宇宙的基本因果律

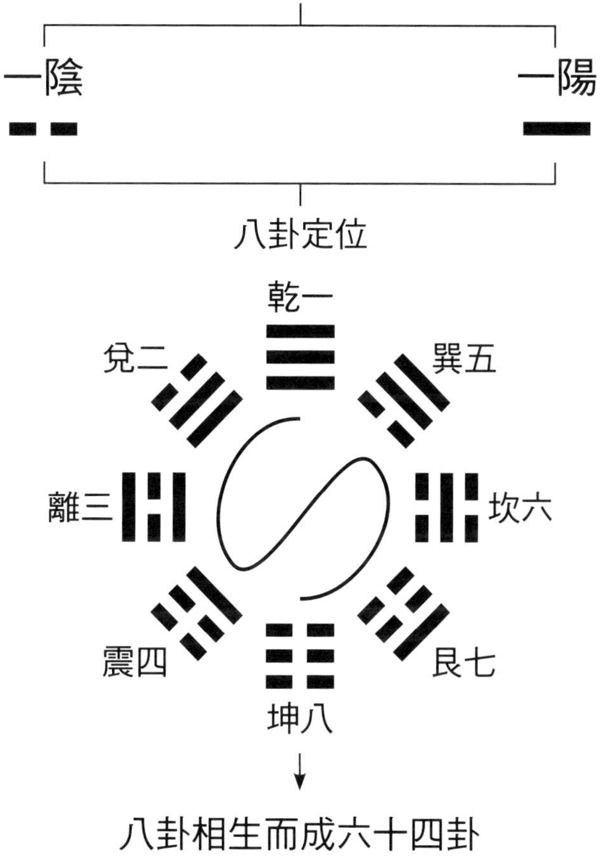
一陰
一陽
八卦定位
乾一
兌二
巽五
離三
坎六
震四
艮七
坤八
八卦相生而成六十四卦

二、客觀的自然律有恆常性

伏羲氏仰觀天文、俯察地理，發覺自然現象的演變，依循恆常的方式進行，也就是遵守自然律而活動。因果的關係不但存在，而且具有不易的準則。陽極成陰、陰極成陽、物極必反、循環往復、周而復始、生生不息……這些不易的因果關係，皆有其恆常性。我們可以透過科學研究，來加以有系統的說明和限定。這種不易的自然律，易學把它叫做「性」。植物和動物的本性不一樣，所以產生不相同的活動，便是恆常的因果關係。物體的活動有規律，也有目的，並不是偶然的，也不是盲目的。在古典物理學中，凡是定律都有限定的作用，只要違反定律，在物理的觀點之下，是不可能成立的。一切都是必然，並沒有偶然。因為偶然的現象，不過是在某種特殊情形下，使我們暫時看不到因果關係，由此所產生的一種錯覺罷了！萬物皆有本性，具有自然元形、自然傾向，也就各有其自然的限定傾向。〈繫辭．下傳〉說：「天下之動，貞夫一者也。」就個體來說，有其小一，稱為「個性」；從整體來看，有其大一，便是「共性」。物體限定於一，也就是太極，其活動恆常有規律，便是自然律給予限定。理論上如此，我們的經驗也是這樣。

易有三義，其中的「不易」，即為自然律，也就是恆常的因果關係。乾卦初爻「潛龍勿用」，倘若修得不好，到了上九，就很容易產生「亢龍有悔」的後果。坤卦初六「履霜堅冰至」，更是直接說出「履霜」為因，即將產生「堅冰至」的果，此時若不預做準備，到時怕是來不及了！凡此種種，都清楚說明了「不易」的因果關係。

萬物皆有本性
具有自然元形 } 因
各有自然限定

↓

其活動恆常而且有規律
構成客觀的恆常自然律 } 果

↓

凡事有正必有反　（因）

↓

有恆常性即有非常性　（果）（因）

↓

所以易有不易也有變易　（果）

因果關係明顯的為恆常性，太複雜、看不清楚的為非常性。

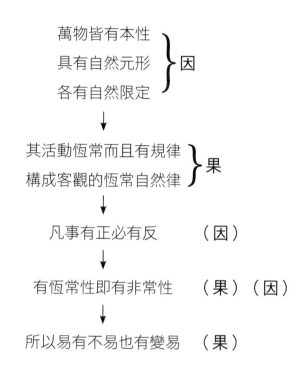

三、恆常性與非常性要兼顧

近代科學家發現一些新定律，看來不受絕對限定論的約束，例如「統計定律」，以及二十世紀盛行的「蓋然律」。「統計定律」是一系列事件歸納出來的必然律，也就是不易的因果關係；「蓋然律」則認為一切都是偶然造成的，由於一個原因和其他原因偶然相合，有時會促成出乎預料之外的效果。

統計定律和蓋然律，都屬於相對論，針對絕對論而來。《易經》的思維，告訴我們沒有絕對，哪裡會有相對？沒有相對，也就不可能有絕對。我們說「不易」的時候，腦海中會浮現「變易」的概念，因為「不易」和「變易」是同時存在的。所以「恆常性」有其相對的「非常性」，構成「常」與「變」的關係。我們把恆常性叫做「經」，也就是不易之常；將非常性說成「權」，那就是權宜應變。恆常是常態，非常則是特殊的例外，因為自然律比我們所想像的還要複雜，因果關係比我所瞭解的還要廣泛而長久。我們能夠完全認識的因果，可能是恆常的、必然的；不能夠完全瞭解的，很可能是特殊的、偶然的。

《易經》通例「三多凶，四多懼」，每一卦的第三爻和第四爻，通常都比較不吉祥，但是豐卦（䷶）九三无咎，九四吉，顯然是例外。乾卦（䷀）上九「亢龍有悔」，坤卦（䷁）上六「龍戰于野」，屯（ㄓㄨㄣ）卦（䷂）上六「泣血漣如」，豐卦（䷶）上六「三歲不見，凶」；謙卦（䷎）上六「利用行師，征邑國」，臨卦（䷒）上六「吉，无咎」，由此可見，是不是凡事都有例外呢？大自然深奧無比，使我們無法完全掌握它的活動與規律。凡人只有部分的認知，唯有聖人才能整體地掌握，想來這也是我們必須「畏聖人之言」的道理所在。

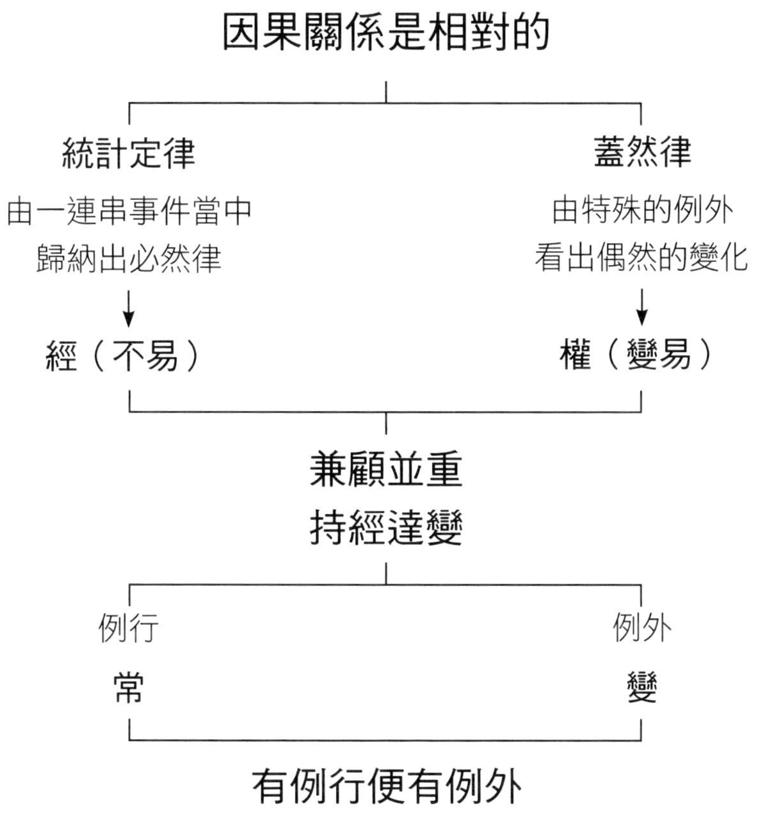
因果關係是相對的
統計定律
由一連串事件當中
歸納出必然律
經（不易）
蓋然律
由特殊的例外
看出偶然的變化
權（變易）
兼顧並重
持經達變
例行
常
例外
變
有例行便有例外

四、宗教與科學目標要一致

宗教的目的，在於提醒人們：我們是宇宙的一分子，有軌道可循，必須及時返回正道，才能免於苦難。

佛教指出每一個人都具有佛性，卻由於受到物質享受、名利權位、富貴榮華等種種貪欲誘惑，以致喪失了佛心，看不見光明，因此在黑暗中摸索，找不到正路。最好藉由唸佛經、修佛法，以期早日回歸正軌，脫離苦海，獲得極樂。

基督教認為人類是上帝的兒女，但是為了原罪，也就是貪欲的誘惑，而離開了上帝，找不到路。魔鬼趁機多方引誘，致使人們愈走愈偏，罪也就愈犯愈深。最好是承認自己的罪，向天父禱告，請求赦罪，便可以得到永生。

回教和基督教同樣信仰上帝，但是方法上有所差別。回教以阿拉為獨一無二、全智全能的真神，人們都不能離開祂而存在。不分種族、語言，一切萬物都蒙受真神阿拉的恩惠。

中華民族，可以說是奉「天地君親師」為宗教，現代的話，應該改成「天地國親師」，代表宇宙的秩序，也就是倫理。人活著，就不能忘本。要飲水思源，感謝「天地國親師」的生養教化。人人皆以修身為本，盡人事以聽天命。

宗教的基本要素，說起來就是一個「誠」字。「誠」才能敬，誠則靈，敬神如神在。共同的目標，即在回歸人類行為的正常軌道。倘若科學也能秉持同樣的精神，試問和宗教又有什麼兩樣呢？事實上，不論是科學或宗教，只要彼此目標相同，即使所使用的方法不一樣，所表達的語言不相同，但並不會對建立共識造成太大的阻礙。

目標相同，方法不同

- 中華民族的宗教 —— 信仰天地國親師
  - ↓ 人活著，就不能忘本
  - ↓ 飲水思源，感謝天地
  - ↓ 人人皆以修身為本
  - ↓ 盡人事以聽天命
  - ↓ 回歸人類行為的正常軌道
- 科學也應該秉持同樣精神 → 回歸人類行為的正常軌道

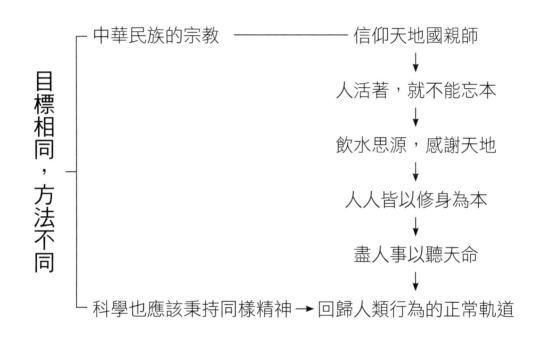

五・因果關係是共同的依據

人人皆有佛性，是因；每一個人本來都可以成佛，是正常的果。但實際上，真正成佛的少之又少，這是自作自受，同樣也是正常的果。所以因果有其恆常性，卻並非固定，沒有一定的模式。人人皆有佛性，是共性。有人潛心修持，有人則是汲汲營營，求取名利，則是個性。既然個性不同，結果當然就不一樣。

坤卦〈文言〉指出：「積善之家，必有餘慶；積不善之家，必有餘殃。」「積善」為因，「餘慶」是果；積「不善」的因，便產生「餘殃」的果。然而，我們親眼所見，有真是如此的，卻也有例外的。真是如此，是果出現的早，因果的期限較短，我們來得及親自驗證。有一些例外，則是由於我們的生命短促，等不到看見真正的後果，就已經駕鶴西歸了。因前有因，果後還有果，我們從《易經》的卦序中，可以看出端倪。〈序卦傳〉說：「有天（乾）地（坤）然後萬物生焉。」天地是因，萬物為果，所以乾坤兩卦之後，緊接著便是屯卦。「屯」為萬物開始萌生，這是因。萌生之初必然蒙昧，所以蒙卦是果。萬物初生蒙昧幼稚是因，所以需要教養，因此需卦為果。需要的因，產生爭訟的果，而爭訟的因，又造成眾人的興起，所以接下來便是師卦……這樣一連串發展下去，無非是由因果關係在居中連繫。

眾人之所以興起，是居於爭訟的需要。爭訟之所以發生，是需要有欠合理所造成。需要不合理，乃是由於啟蒙時不盡妥當。啟蒙得不妥當，往往是始生時的環境所造成。生不逢時，環境又不理想，當然是天地太大，各有所長，也各有所短。無論是往前推，或向後看，都是環環相扣，因果關係不証自明。

- 因果關係
  - 科學
    - 種瓜得瓜，種豆得豆
    - 熱脹冷縮
    - 在天成象，在地成形
    - 日月運行，一寒一暑
    - 物極必反，質能互變
  - 宗教
    - 人人皆有佛性，都能成佛
    - 積善之家必有餘慶
    - 積不善之家必有餘殃
    - 人有原罪，信上帝才能得救
    - 真神全智全能，一切萬物普受恩惠

用詞不同
語法不一
依據相同
不離因果

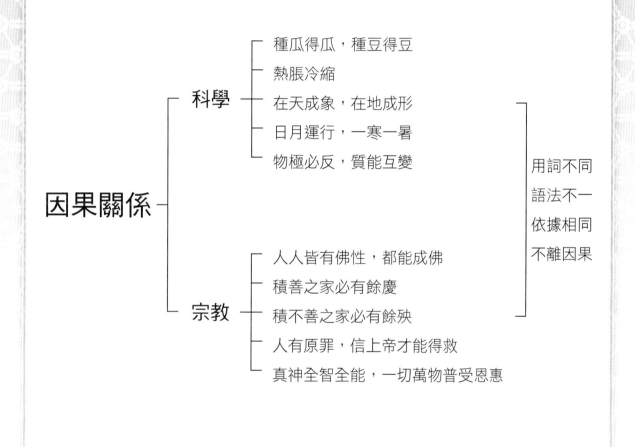

六、易經是所有學問的基礎

《易經》廣大包容，可以做為所有學問的共同基礎。所有學科，不論是哲學、宗教、科學、美術、政治、經濟、天文、地理、社會、法律，只要說得出名堂，都應該以易學為根本，採取一本多元的方式，把易學當做經，然後持經達變，變化出各自不同的花樣。如此一來，合為一元、放成多元，既沒有一與多之爭，也不必為了抬高自己而貶低他人。沒有分別心，大家和諧相處，凡事好商量，社會自然就能趨於安寧。

做學問時為了深入研究，當然需要分科，才能更為專精。但是分的時候，若是離經叛道，分到不認祖宗，即為數典忘祖，其中因果關係尤其不可忽視。佛家指出：「菩薩畏因，凡夫畏果」，我們雖然都是凡夫俗子，卻也應該提升自己，多想想「因」從何來？不能只重結果，使自己永遠沉淪在黑暗中而不自覺。

六十四卦當中，有一個无妄卦（䷘），用意即在促使我們改過遷善。只要人類能夠改過遷善，自然事事合理，不至於胡作妄為。一陰一陽之謂道，陽如果代表向心力，陰便是離心力；陽若是象徵光明，陰即為黑暗；陽表示正氣，陰就是邪惡。所有學問，都有陰陽兩性，皆有正反兩面，可以是建設性的，也可以帶來破壞性。任何人只要遵循易理，也就是依據自然律，把因果關係調整好，便會愈來愈趨向光明。否則破壞性愈強，當然就會愈來愈黑暗。各行各業人士，若能明白易理，並且用心實踐，憑良心、立公心，不管他人如何，自己總是心甘情願地奉行，人群社會必然愈見安和樂利。以這樣的態度做學問，當然是利多於弊，而終至於无咎。

《易經》廣大包容

其大無外　　其小無內

↓

可以當做所有學問的共同基礎

↓

以易學為根本

採一本萬殊方式

開出不同的花朵

↓

萬變不離其宗

不可以離經叛道

以免禍害子孫

永遠沉淪於黑暗中而不自覺

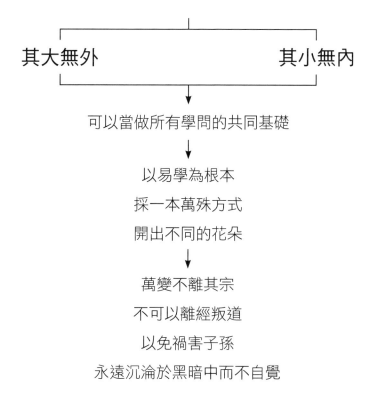

我們的建議

1 科學進步，應該要能帶給人類幸福。不幸的是，人們卻經常利用科學知識來做壞事。不明事理的人，還冠以「智慧犯罪」的美名。實際上，智慧不可能用來作奸犯科，否則根本稱不上智慧。由此可見，現代腦筋不清楚的人隨處可見，令人十分遺憾！

2 宗教的使命是勸人為善，不忘上天賦予人類的責任在於替天行道、普救萬民、造福人群。不幸的是，人類卻誤認為自己可以創造萬物，並把它們歸於己有，導致驕奢淫佚、危害健康，視宗教為迷信，不能敬天敬神。

3 科學和宗教各行其是，致使互不相容。人們不是迷信宗教，便是把科學當做宗教。視科學為萬能，當然也是一種迷信。科學由破除迷信而變成另一種迷信，宗教為求生存，竟然也攻訐其他宗教為迷信，實在令人茫然！

4 大多數人對宗教一知半解，對科學也所知不多，這是現代社會一切求速成，不肯下功夫的因所造成的惡果。不如正本清源，先把易理探究一番，再來釐清自己的觀念，以期走出光明的大道。

5 相信因果，探究因果關係，明白自作自受乃是人生不變的法則。於是由「格致誠正」而「修齊治平」，自然能夠按部就班，逐漸修到心無妄念，收元亨利貞的效果。

6 我們先研究无妄（䷘）卦的要義，然後才研究這一卦所呈現的因果關係，以期深一層瞭解卦與卦、爻與爻之間，實際上都是由於因果關係所產生的效用。

《第三章》

无妄卦
六爻說些什麼？

无妄的意思，是沒有虛妄矯詐，
人人皆不妄為，自然能孕育出良風美俗。

初九慎始，象徵一本初衷，合乎天理；
六二重因不重果，一片至誠，自然亨通。

六三飛來橫禍，遭受无妄之災，
實則事出有因，最好反求諸己，力求改善。

九四失位，但就上乾來看，有如初九，
象徵本有的剛性，不因重卦而有所改變。

這種固有的剛實本心，不作分外妄想，
只要守以為常，成為習慣，便可以无咎。

九五信守真理，偶有病痛也無需用藥；
上九審時度勢，也可以避免无妄之災。

一、初九无妄至誠自然往吉

无妄卦（䷘）的意思，應該是沒有虛妄矯詐。〈序卦傳〉說：「復則不妄矣，故受之以无妄。」復卦（䷗）能夠克己復禮，使天下歸仁，因而終止了剝落的衰運。人人皆不妄為，造就了良風美俗，所以在復卦之後，緊接著便是无妄卦，成為大畜的基礎。

无妄卦辭：「无妄，元、亨、利、貞，其匪正有眚，不利有攸往。」「无妄」為卦名，「元亨」表示大通，「利貞」即是宜於守正。「匪」通非，「匪正」便是不正。「眚」原本指眼疾，在這裡比喻禍患。无妄的元亨利貞，重點在於正而不邪，也就是至誠。倘若不正而邪，那就有禍患，不利於有所往了。至誠不可能不利於往，是不正才不利於有所往，這點要區分清楚。

初九爻辭：「无妄，往吉。」小象說：「无妄之往，得志也。」无妄卦（䷘）下震上乾，初九當位，以陽爻居震的始位，象徵本乎初心，合乎天理，也就是我們常說的天良（天理良心）。真誠无妄，當然有所往而吉祥，所以說「往吉」。初九是无妄卦（䷘）的開始，又是下震（☳）的卦主，陽剛實而不虛，居於无妄的內卦，象徵內心至誠，自然无妄。以无妄的至誠行事，當然無往而不利。「得志」可以說是達成志願，秉持无妄的至誠，用以修身、齊家、治國、平天下，理應可以達成志願，所以說「无妄之往，得志也。」初九倘若爻變為初六，无妄（䷘）便成為否卦（䷋），象徵一開始就不當位，把投機取巧當做隨機應變，真誠无妄變成唯利是圖，必然是否塞而不通。卦辭說：「其匪正有眚，不利有攸往。」初九必須特別慬慎，務求慎始，唯有如此才能達成志願。

无妄 25

初九，无妄，往吉。

初九當位，以陽剛居於下震的開始，象徵本乎初衷，合乎天理。內心真誠无妄，當然有所往而吉祥。初九爻變即成否卦，表示一開始就不當位，真誠无妄變成唯利是圖，也就必然否塞而不通了。身處无妄之世，倘若不遵循正當途徑行事，必然「不利有攸往」。但是初九爻實不虛、實而无妄，所以「往吉」。初九與九四不相應，表示沒有私心，反而成為「往吉」的良好因素。

至誠无妄自然有所往而吉祥。

二、六二利有攸往自然亨通

无妄卦（䷘）彖辭說：「无妄，剛自外來而為主於內，動而健，剛中而應。大亨以正，天之命也；其匪正有眚，不利有攸往，无妄之往，何之矣？天命不祐，行矣哉？」无妄是卦名，无妄這一卦，自訟卦（䷅）變來。將訟的下卦初、二兩爻換位，便成為无妄。由於下震初九以一剛主於內卦，又有上乾三陽以純剛自外卦來助，所以說「剛自外來而為主於內」。乾為健，震為動，因此「動而健」。九五以陽剛居中，六二以陰柔居中，上下相應，顯得「剛中而應」。卦辭所說「元亨利貞」，意思是「大亨以正」，因為這是上天的命令，不可違背。至於「其匪正有眚，不利有攸往」，則是處在萬物不妄為的情境下，卻貿然前往，哪裡有路可走？所以說「何之矣？」不順從上天的命令，就得不到保祐，還能行得通嗎？

六二爻辭：「不耕穫，不菑畬，則利有攸往。」小象說：「不耕穫，未富也。」「不耕穫」的意思，是不在耕種時便希求收穫，也就是我們常說的「只問耕耘不問收穫」，表示耕耘是因，收穫是果，先把因做好，不必斤斤計較結果會怎樣？「不菑畬」的「菑」，是指開墾不過一年的田地，仍然十分貧瘠；「畬」則是已經耕種多年的良田。「不菑畬」便是不在開墾貧瘠田地時，就盼望它馬上成為良田。能抱持這種不妄求的務實心態，自然有所往而无不利。「未富也」的意思，是沒有虛妄地求取富貴，也就是不生「不勞而獲」的妄念。六二當位，又取下震中位，以柔順之德上應九五，並無私意妄求，為事不計利也不爭功，一片至誠，自然大為亨通而利於有所往。

无妄 25 ䷘

六二，不耕穫，不菑ㄗ畬ㄩˊ，則利有攸往。

六二當位，又居下震中爻，以柔順之德上應九五，並不私下與初九交往，象徵只問耕耘不問收穫。先把因做好，不斤斤計較於結果如何，不在開墾貧瘠田地時，就盼望馬上成為良田。若能抱持這種不妄求的務實心態，自然有所往而无不利。六二爻變為履卦，表示實踐得宜，才有利於作為，否則照樣會如同卦辭所說的「不利有攸往」。

重因不重果，一片至誠，自然亨通。

三．六三或繫之牛飛來橫禍

无妄卦（䷘）大象傳說：「天下雷行，物與无妄；先王以茂對時，育萬物。」无妄卦下震上乾，震為雷，而乾為天。天在上，雷在下，所以說「天下雷行」。雷行於天下，威震四方，使得萬物不敢妄動。「與」是皆的意思，「物與无妄」便是萬物都受到震懾而不敢妄為。古時先王看到這種景象，「以茂對時，育萬物」。「茂」為盛，「時」即世，「茂時」便是盛世。盛世來自君王的盛德，以君王的盛德治理國家，人民上行下效，也就不生妄念、不敢妄為，這就是「君王無為而天下治」的最佳寫照。「天下雷行」，最好說成「雷行天下」。「雷」代表君王剛健篤實的盛德，能夠威震天下，還有誰敢成為虛妄矯詐的小人呢？上不妄為，下皆仿效，守正有利，能收「無為而無不為」的效果。

六三爻辭：「无妄之災，或繫之牛，行人之得，邑人之災。」小象說：「行人得牛，邑人災也。」六三以陰柔居陽剛之位，又居下離的究極，時窮勢極，常生變亂災禍，即使无妄，也可能遭災，稱為「无妄之災」。譬如有人在路邊繫拴著一頭耕牛，結果路人經過，把牛牽走據為己有，而當地的人卻蒙受嫌疑，受到牽累。過路的行人，把牛牽走了，即為「行人之得」。「邑人」指本地人，和「行人」相對。「邑人之災」，便是指當地的人無緣無故遭受嫌疑，橫生无妄之災。六三以虛妄無實的才質，想要勉強實行天道規律，把牛繫在路邊，很可能是韁繩鬆開了，牛脫韁而走，被過路客順手牽走。六三不問真相如何，便懷疑當地的人，這也是一種妄念，因而行人得牛，遭到嫌疑的邑人與繫牛者，卻同受无妄之災。

无妄 25

六三，无妄之災，或繫之牛，行人之得，邑人之災。

六三以陰柔居陽剛的究位，象徵時窮勢極，常生變亂災禍，即使无妄，也可能遭災。譬如有人把牛繫拴在路邊某處，路人經過時，把牛牽走據為己有，而當地的人卻被懷疑而遭受牽累。六三以虛妄無實的才質，想要勉強實行天道規律，不免遭受无妄之災。六三爻變為同人卦，表示行人和邑人，倘若能有同人的修養，共同和諧相處，依理而行，便可以免去這樣的无妄之災了。

承受无妄之災，仍應反求諸己，力求改善。

四・九四可貞无咎本來就有

无妄的意思是不敢妄動，因為人有各種欲望，其中有正也有邪，倘若不能自覺、自律，便會經常動起歪腦筋。《論語・季氏篇》記載孔子的話：「君子有三畏：畏天命，畏大人，畏聖人之言。小人不知天命而不畏也，狎大人，侮聖人之言。」无妄卦彖辭所稱「天之命也」，即為「天命」。君子敬畏天命，所以敬畏居高位的大人，以及聖人所說的話。小人不知天命，因此輕忽大人，戲侮聖人的話，很容易招惹无妄之災。不明白易理的人，或許認為這是不平等的社會現象。實際上大自然只有合理的不平等，並沒有平等的狀態。无妄是動機，看不見也摸不著，畢竟只有當事人知道。何況天命祐或不祐，也是各人自作自受，心中有數就好。

九四爻辭：「可貞，无咎。」小象說：「可貞无咎，固有之也。」九四陽居陰位，象徵剛而能柔，能夠善自約束，不妄言妄行。位於上乾的始爻，表示一開始就堅守剛實无妄，對上面的九五尊位守正無私，不做分外的妄想。對九五來說，九四是近臣，能夠守正無私，謹守臣道，當然是可貞无咎。九四以陽據六三陰爻之上，但與初九並不相應，表示這種守正無私，實在是九四固有的美德，所以貞固。由於九四陽居陰位，原本不當位，又與初九兩陽不相應，唯恐其有咎。現在既能做到自我約束，所以爻辭特別指出：「可貞，无咎。」在日常生活中堅持无妄的信念，做到心中固有可貞，也就是自守其固有的剛實本心，不做分外的妄想，自然无咎。不生妄念，不作妄動，若能養成習慣，當然无咎。

无妄 25 ䷘

九四，可貞，无咎。

九四不當位，又與初九不相應，原本可能有咎。現在正當无妄之世，九四居上乾初位，以陽據六三陰爻之上，全力支持九五，不做分外的妄想，反而成為可以貞固的良好條件，所以化有咎為无咎。九四變爻為益卦，象徵原本不當位、不相應的缺失，在无妄世代反而有益。從爻變即正，就可以看出「可貞」的原因。

在日常生活中堅持无妄信念，不做分外妄想，自然无咎。

五．九五偶受傷害不宜妄動

无妄卦（䷘）下震上乾，震（☳）的性質是雷電交加，產生強光巨響。雷行天下，象徵所有的人，都應該意志堅定，不生妄念，並且在日常生活中實踐，以養成良好習慣。初九實而不妄；六二只問耕耘，不問收穫；六三不正有災，實際上是因為无妄得過分，才惹來无妄之災。乾（☰）的性質是剛健而自強不息，九四「可貞无咎」，而九五既當位又是上乾的中爻，為什麼反而有一些小問題呢？這不是很奇怪嗎？

我們且看九五爻辭：「无妄之疾，勿藥有喜。」小象說：「无妄之藥，不可試也。」「試」是試用的意思，「不可試」指九五這種无妄的藥，是不可以試用的。因為九五的无妄小毛病，用了藥反而會造成傷害，不用藥才能憑著自身的抵抗力，獲得恢復健康的喜悅。可見九五的問題不大，只不過是小毛病而已。九五陽居陽位，既當位又居中，並且和六二相應，具有如此優良的條件，為什麼還會有疾呢？這是由於无妄卦的六爻，只有剛爻能夠行天道，而且必須純而不雜，才可以做到真正的无妄。現在九五居中得正，稱得上純剛，也就是剛中，但是下與六二陰柔相應，很可能影響到九五的純正，反而有了无妄之疾。九五本身无妄，卻由於六二的牽引，得了一些小毛病。這時候不吃藥反而好，吃了藥可能造成傷害。當年孔子路過匡地時，被群眾誤認為陽虎而遭到圍困，但孔子毫不畏懼，對上天充滿信心，結果毫髮無傷，只受了一場虛驚，這便是「勿藥有喜」的見證。九五不如初九，即在初九與九四無應，而九五卻與六二相應。

无妄 25

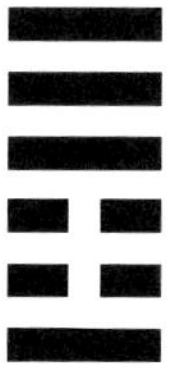

九五，无妄之疾，勿藥有喜。

九五既當位又居上乾中爻，並且和六二相應，各種條件都十分良好，為什麼還會有疾呢？原來當无妄之世，只有陽爻才能行天道，而且必須純而不雜，才能做到真正无妄。現在九五與六二相應，反而影響了九五的純正，所以才有了「无妄之疾」，這時候不吃藥比較好，所以說「勿藥有喜」。九五爻變為噬ㄕˋ嗑ㄏㄜˊ卦，表示不當用的藥品，千萬不能試用。

偶受傷害，不宜輕舉妄動，以策安全。

六、上九行有眚不輕舉妄動

我們常說的「无妄之災」，意思是指無緣無故從天外飛來的災禍。然而因果關係告訴我們「無風不起浪」，沒有因就不可能產生果。既然有飛來的橫禍，就必然有其緣由。

六三的无妄之災，表面上看起來是行人得牛而去，邑人卻受其牽累，對邑人來說，當然是場无妄之災。實際上深一層想，邑人看到繫在那裡的牛，為什麼毫不在意？不能善盡守望相助，共同預防无妄之災的責任，想來也是事出有因的。上九「行有眚」，和六三有著相當密切的關係。

上九爻辭：「无妄，行有眚，无攸利。」小象說：「无妄之行，窮之災也。」上九和六三分居上乾、下震的極位，同樣陽剛，實而不虛妄。然而極位象徵時窮勢極，不宜有所行動。倘若貿然採取行動，便是妄動，反而有害無利。上九陽居陰位，顯然不當位，又是无妄卦的最上爻，已經失時。這時候不動則已，若是自恃剛強、勉力而行，必有災禍，所以「行有眚」，並沒有任何好處，因而說「无攸利」。我們不要採取「无妄之行」，便是不希望帶來「无妄之災」。在上九處於窮極的時候，最好不要有所行動，以免惹來窮而妄動的災禍。凡事物極必反，本來也是一種因果關係。上九居全卦的極位，當然不能再往前進，否則就成為有妄。在國泰民安的時期，就算有聖賢的才能，也沒有可以發揮的機會。這時候有自知之明，知道在无妄之極，倘若還要有所行動，便是有意變治平之世為混亂之局，因而無所作為，退隱自修，教化子弟，才是真聖賢。一切都要看情況，千萬不能固執妄為。

无妄

25

上九，无妄，行有眚ㄕㄥˇ，无攸利。

上九在无妄之世，象徵實而不虛妄，但是既不當位，又是全卦的最上爻，倘若自恃剛強、勉力而行，必有災禍。凡事物極必反，也是一種因果關係。上九居全卦極位，當然不適宜再往前進，否則就會轉為有妄。上九爻變，即成為隨卦，表示无妄之極，最好隨遇而安，退隱自修，教化子弟。一切都要審時度勢，不能固執妄為。

時窮勢極，倘若貿然行動，很可能招惹災禍。

我們的建議

1 无妄卦（䷘）的真正用意，在於提醒我們：不要讓无妄之災悄悄地出現。未雨綢繆之計，即在時刻提高警覺，要以无妄的觀念來行事。唯有无妄，才可以避免无妄之災。

2 否（ㄆㄧˇ）卦（䷋）的初六爻變為初九，就成為无妄卦，啟示我們：當時運不濟的時候，要以正念取代邪念。有了這樣的因，那麼運氣變好的果，很快就會實現。一念之差，可以改變自己的運氣，這就是「心易」（用心變易）的良好效果。

3 妄念起自內心，稱為「心中之賊」。要去掉心中之賊，只有靠自己。反求諸己是因，去心中之賊為果；去心中之賊為因，改變自己的運氣則為果。一切靠自己，卻必須順天命，合起來就是我們常說的「盡人事以聽天命」。

4 「人之初，性本善」，然而後天受到環境污染、教育方式與內容欠妥、各種誘惑層出不窮，以致產生許多妄念……上述種種原因，都造成了无妄之災的惡果，現代人務必隨時警惕。

5 自以為是的人，最容易招惹无妄之災。可見无妄，實際上說的是有妄。若能真正做到无妄，哪會有什麼无妄之災？看起來很无妄，實際上必然有妄，必須反躬自省才能察覺。

6 人人都想永保富貴，卻不知也不想，並且認為很難做到无妄。殊不知這種因果關係，就有如鐵鏈那樣堅牢，倒不如提醒自己：重視原因，遠比時時刻刻追求結果來得重要。

《第四章》

无妄
有什麼前因後果？

人們喜歡「打破砂鍋問到底」，追求第一因。
炎黃子孫以「道」為萬事萬物的根源，最易簡。

大家都離不開道，卻可以各行其道，
只要不生妄念，就不致招惹无妄之災。

无妄的第一因，可以說是開天闢地，
而无妄的果，則是既濟或未濟不一定。

因果關係，時時刻刻都存在，不容忽視。
言行舉止，對因果關係都有影響，必須謹慎。

卦體可以看出因果關係，各有不同，
无妄卦四陽二陰，和大過卦屬於同一類型。

卦中卦，綜卦錯卦，還有爻變的卦，
和本卦都有因果關係，牽一髮而動全身。

一、道是因果關係的第一因

現代科學發達，卻依然未能完全探明宇宙的奧祕，我們甚至可以大膽地說：直到人類毀滅，宇宙的神祕性也不可能完全地被破解。但是，自有人類以來，人們對宇宙起源，也就是因果關係的「第一因」，就十分有興趣，總想打破砂鍋問到底，即使沒能得到解答，至少也引導我們一步一步地，去接近宇宙的真諦。

《易經》的說法，是宇宙處在不斷變化的過程中。它的起點，原本並沒有名稱，只是根據它不能再早的特點，把它稱為「太極」。「太」是至高無上，「極」則是終極。採取反向的推究方式，由眾多的萬物，不斷尋找其源頭，這才推導出了「太極」二字，意思是至早無前。老子說它無形無象，既看不見，也聽不到，又摸不著。其中沒有任何分界，因此是一個整體，稱之為「一」。由一產生「二」；由二產生「三」；由三產生萬物。現實世界，便是由無形的「道」，產生有形的天地，然後再由少生多的演化成果。《淮南子》所說「原始宇宙是一團混沌不分的物質」，便是老子所說的「一」，也是孔子所說的「太極」。單有「一」，並不能產生其他東西，所以「一」內涵了「陰」和「陽」，即是老子所說的「二」，也是孔子所說的「太極生兩儀」。陰陽是兩種相反的元素，交合而生成和諧的東西，便是老子所說的「三」，也是孔子所說的「乾知大始，坤作成物」。乾陽的作為，體現為開始創造萬物；坤陰的作用，即在孕育生成萬物。至於民間傳說，則是盤古開天闢地，然後才有了一切的變化。對中華民族而言，「道」是所有因果關係的第一因，也就是最早、最初的因。由此可見，炎黃子孫在「第一因」這點，可說是頗有共識。

道

可以說的　很難說的　不可說的

因果關係

看得清楚的　很難說清楚的　說不清楚的

↓

都是道的變化

人人離不開「道」，
卻時常「不知道」，
甚至還自以為「知道」！

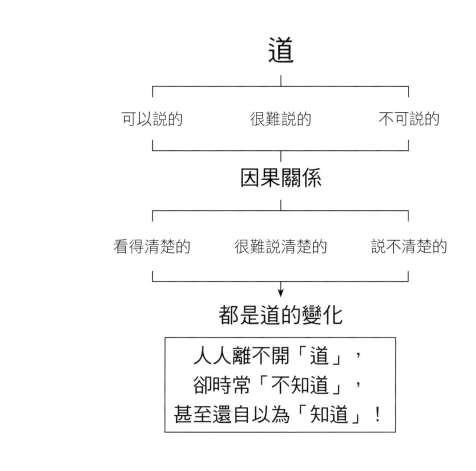

二、開天闢地是无妄第一因

「无妄」的前因是「復」。孔子說：「克己復禮，天下歸仁焉。」事物回復初始便不會隨意妄為，人能反求諸己自然德業健全。「復」的前因是「剝」，植物有榮枯，朝代有興衰，是必然的因果關係。沒有「剝」，何必要「復」？「剝」的前因為「賁」，人類創造文明，固然是好事。然而興一利必增一害，原始生活消失，導致人類本性掩沒；花樣愈多，人就活得愈低俗。「賁」的前因是「噬嗑」，治亂世不得不用重典，但是要做到勿枉勿縱，仍需要高度的文明。再往前推，「噬嗑」的前因是「觀」，人性本善，人心卻常常損人利己，必須中道而行，做為利人利己的典範，才能正當地除暴安良。「觀」的前因為「臨」，要獲得大眾的信任，表現出樂觀其成的態度，必須要有好謀而成的臨事能力。「臨」的前因是「蠱」，整治腐敗，便是最有力的臨事措施。「蠱」的前因為「隨」，孔子說：「君子之德風，小人之德草，草上之風必偃。」現代說「順從民意」，但是民意有正有反，難免造成很多弊病，這才需要加以整治。「隨」的前因是「豫」，薄海騰歡，百姓同樂，大家才樂於追隨。「豫」的前因為「謙」，具有謙虛的修養，才能長保富貴，所以心生悅樂。這樣一直向前推去，最後必然會推到開天闢地。倘若天氣還未下降，地氣還未升揚，宇宙尚處於虛空狀態，陰陽二氣尚未開始交合，也就是我們常說的「混混沌沌」，好像有很多東西蠕動，卻還沒有出現物種，那就什麼也不用說了！因為說了也沒有人聽，說了也沒有作用，更何況根本就沒有人來說。

究竟是誰開天闢地？

- 盤古
- 伏羲
- 兩人是同一位，只是發音不同

誰對，誰錯，誰知道？

- 有人說這樣（道可）
- 就有人說那樣（道非）
- 這就是常見的情況（常道）

存而不論

- 讓專家去處理
- 我們是聽聖賢的話
- 反正人人自作自受

如何選擇，就是各人的命運

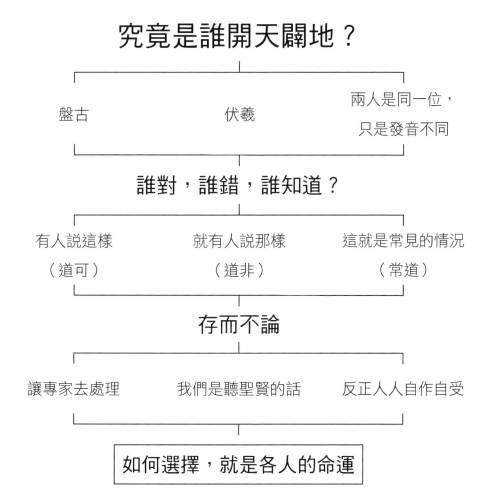

三、无妄的後果是既濟未濟

「无妄」的果是「大畜」，能夠沒有妄念，自然剛健篤實，修養良好，得以永保富貴。有了「大畜」的因，才會導出「頤」的果，保養有方，健康長壽，於是造成「大過」。倘若能夠大徹大悟，就會重現光明，走出「離」的正道；如果掉落陷阱，就應該秉持「坎」道，處變而不驚。離為火，坎是水。火無形體，水有形體，兩者相生相剋，造成既濟和未濟的景象。坎離互乘，表示每一個人都不了了之。

无妄的後果，和前因一樣，當然不可能按照卦序，一卦接著一卦，依循直線進行。因果不是固定的，而是變化的，原因即在於隨時產生變數，令人始料未及。因果關係，可以用「無風不起浪」來形容，既然有變數，便是添加了因，對於可能產生的果，當然會造成影響。我們常說「无妄之災」，指的就是意外的災禍。為什麼意外？因為肇禍的因，往往不是我們肉眼所能夠看得清楚、腦袋所能夠想得明白的。無形的因，有時比有形還要繁多而複雜。无妄並非無緣無故，而是我們所不知道的緣故。即使憑空飛來，也自有其來處。老子說：「不知常，妄作凶。」（《道德經》）。非常時期，才需要「敢為天下先」；平常的日子，當然要謹守「不敢為天下先」的規矩。「知常曰明」，自然可以避免「不知常」的凶禍。但是「妄」是我們內心的盲點，要完全加以清除，實在十分困難！往往此起彼落，難以掌控。所以有時「既濟」，有時「未濟」，應該是大家共同的遭遇。上經以坎、離告終，和下經以既濟、未濟收尾，展現出異曲同工之妙。

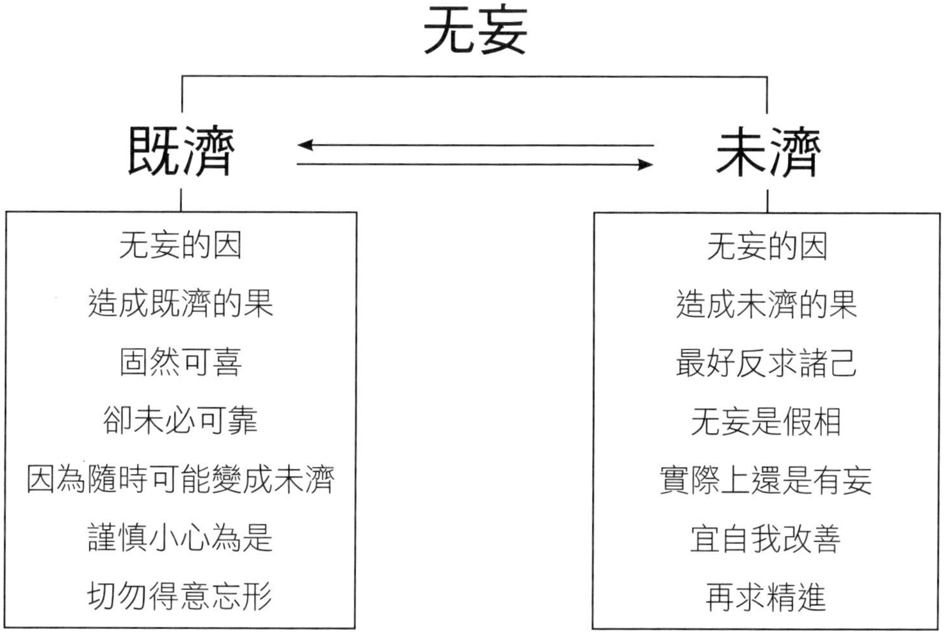
无妄
既濟
未濟
无妄的因
造成既濟的果
固然可喜
卻未必可靠
因為隨時可能變成未濟
謹慎小心為是
切勿得意忘形
无妄的因
造成未濟的果
最好反求諸己
无妄是假相
實際上還是有妄
宜自我改善
再求精進

四、卦體可以看出因果關係

无妄卦(䷘)由四陽二陰組合而成，這一類的卦，總共有需(䷄)、訟(䷅)、无妄(䷘)、大畜(䷙)、大過(䷛)、離(䷝)、遯(ㄉㄨㄣˋ)(䷠)、大壯(䷡)、家人(䷤)、睽(ㄎㄨㄟˊ)(䷥)、革(䷰)、鼎(䷱)、巽(ㄒㄩㄣˋ)(䷸)，兌(ㄉㄨㄟˋ)(䷹)、中孚(䷼)等十五個，都是四陽二陰，卻由於爻位不同，產生出不一樣的卦象。同樣是上卦為天(☰)的，有訟(䷅)、无妄(䷘)、遯(ㄉㄨㄣˋ)(䷠)等三卦。訟卦天與水違行，兩造不能親和，產生無法協調的難題，難免爭訟。遯(ㄉㄨㄣˋ)卦天下有山，君子見事不可為，退避以遠禍，並非臨難苟免，而是君子雖然眾多，無奈權不在手，暫時遠離小人，以待良機復出。无妄卦天下雷行，行為正當便无妄，不正就有无妄之災。從卦體可以看出因果，各有不同。

六十四卦之中，三陰三陽的卦最多，有二十個，佔百分之三十。四陰二陽、四陽二陰各有十五個，各佔百分之二十三。五陰一陽、五陽一陰各有六個，而六陽、六陰各有一個。可見陰陽平衡的，還是居於多數。以泰卦(䷊)和否(ㄆㄧˇ)卦(䷋)為代表，顯示陰陽調和，仍然要小心謹慎才好。

无妄卦可以看做否(ㄆㄧˇ)卦(䷋)的初爻以剛代柔，天道原本剛健，現在連地道也開始由柔轉剛，萬物都受到震懾，看看人還敢不敢胡作妄為？我們常用「遭天打雷劈」，來警告人凡事都要憑良心，不可以做壞事，以免被雷公打死，不但丟了性命，還會百口莫辯。就有形的因來看，遭雷擊不過只是意外；但依無形的因來推究，大家仍不免心生懷疑：那個人是不是背地裡做了什麼虧心事，否則怎麼會有這樣的惡果呢？

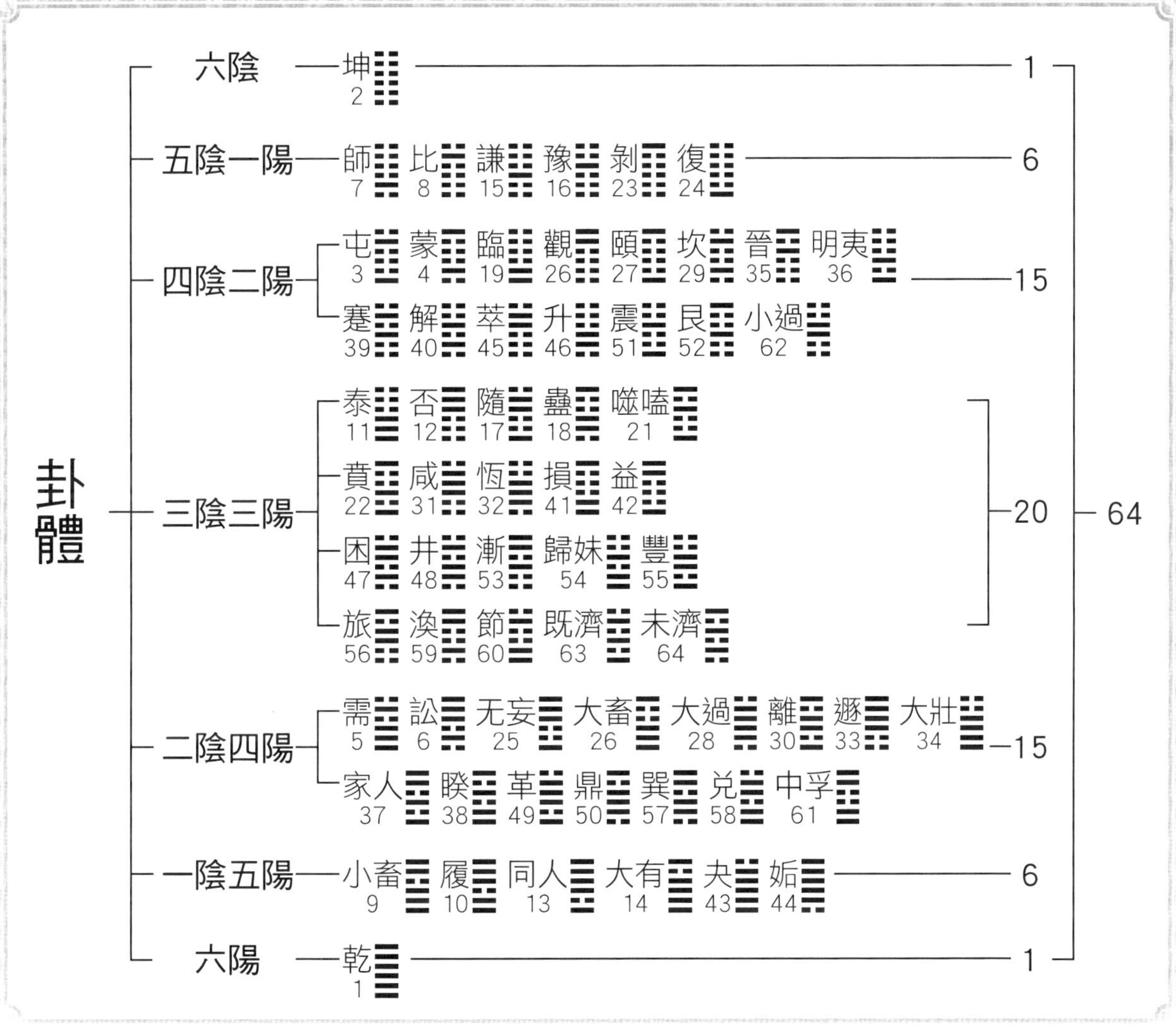
卦體
六陰
坤 2
1
五陰一陽
師 7 比 8 謙 15 豫 16 剝 23 復 24
6
四陰二陽
屯 3 蒙 4 臨 19 觀 20 頤 27 坎 29 晉 35 明夷 36
蹇 39 解 40 萃 45 升 46 震 51 艮 52 小過 62
15
三陰三陽
泰 11 否 12 隨 17 蠱 18 噬嗑 21
賁 22 咸 31 恆 32 損 41 益 42
困 47 井 48 漸 53 歸妹 54 豐 55
旅 56 渙 59 節 60 既濟 63 未濟 64
20
64
二陰四陽
需 5 訟 6 无妄 25 大畜 26 大過 28 離 30 遯 33 大壯 34
家人 37 睽 38 革 49 鼎 50 巽 57 兑 58 中孚 61
15
一陰五陽
小畜 9 履 10 同人 13 大有 14 夬 43 姤 44
6
六陽
乾 1
1

五、无妄卦體內涵因果關係

无妄卦（䷘）初爻變為否（䷋），表示有妄念妄行，即將否塞不通。二爻變為履（䷉），必須依禮而行，才能化解。三爻變成同人（䷌），儘量與人和同，和諧相處。四爻變為益（䷩），互利互惠，對彼此都有助益。五爻變成噬嗑（䷔），避免惡性競爭，過分計較利害。上爻變為隨（䷐），才能夠隨遇而安，締造良性互動環境，大家无妄，社會自然安寧和諧，吉祥安康。也可以由上而下自我警惕：想要避免无妄之災，最好依理而作、順天而行，避免惡性競爭，改採互助方式，對大家都有助益。若能站在大家都是人，不可能自己一定比別人聰明，也不應該讓別人吃虧的立場，凡事依理而行，以合理為衡量標準，相信所有否塞不通的現象，都會變得暢通無阻，不可能發生无妄之災。無論由下而上，還是從上到下，把相同的卦合在一起想，應該可以發現彼此的因果關係十分密切。

无妄卦（䷘）的卦中卦，一共有五個，分別是：頤卦（䷚）、益卦（䷩）、漸卦（䷴）、遯卦（䷠）和姤卦（䷫）。頤卦重養生之道，无妄應該是養生的最高法寶，足見无妄可以養生。益卦重損上益下，提醒大家：益上損下是妄念，要特別謹慎。漸卦重漸進，无妄的習慣必須逐漸培養，並非一蹴可成。遯卦重退避，无妄主要即在退避妄念。但是无妄的習慣也可能退避，要不斷增強。姤卦重不期而遇，偶而起妄念，必須提高警覺，「勿用取女」呀！若能將這些重點和无妄卦配合在一起，仔細領悟彼此之間的因果關係，相信必能對《易經》的瞭解有所助益。

无妄
25

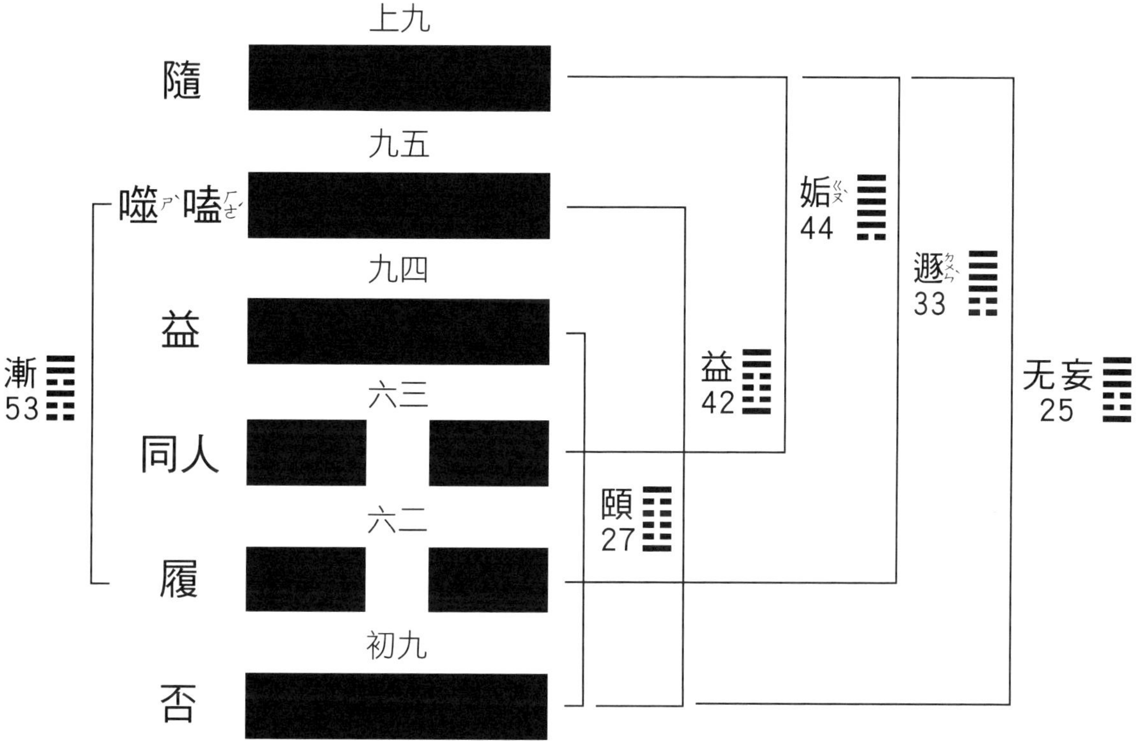
上九
隨
九五
噬ㄕˋ嗑ㄏㄜˊ
九四
益
六三
同人
六二
履
初九
否
漸
53
益
42
頤
27
姤ㄍㄡˋ
44
遯ㄉㄨㄣˋ
33
无妄
25

六、綜卦錯卦也有因果關係

无妄卦（䷘）的綜卦是大畜卦（䷙），不能无妄，怎能大畜？既然大有作為，就更需要无妄。可見无妄是因，而大畜為果，兩者一體兩面，合在一起，正好是孔子所說的：「七十而從心所欲，不踰矩。」既能无妄又能大畜，十分自在。〈序卦傳〉說：「有无妄然後可畜，故受之以大畜。」不隨意妄為是因，才能產大為畜聚的果。〈雜卦傳〉也將這兩卦連在一起，但是次序顛倒：「大畜，時也；无妄，災也。」大畜卦（䷙）下卦為乾為健，上卦為艮為止，能止其所不能止，不過是一時的狀態，倘若得其所不當得，那就難免有无妄之災了。反過來說，時時以无妄為念，才有長久大畜的可能。

无妄卦的錯卦是升卦（䷭），表示无妄才能上進。升卦的綜卦是萃卦（䷬），萃卦的下三陰同時上升，成為升卦的上卦，所以名為升。〈雜卦傳〉說：「萃，聚，而升不來也。」「萃」是聚而尚往的意思，「升」則是往而不思反的警惕。上進了、高升了，卻失去无妄的動力，這才是值得我們警戒的。

无妄卦的交卦是大壯卦（䷡），意思是君子得勢，往往輕視小人，必須防患於未然。小人得勢時，君子退隱。反過來君子得勢時，小人知道君子不會存心報復，所以也不必退隱，就反過來利用君子輕視小人的弱點，製造事端，以爭取趁勢再起的機會。因此大壯之世，君子更應該无妄，不可以只看小人的虛偽外表，更要留意小人的陰謀詭計。无妄的互卦之中出現遯卦，我們不希望看到君子好不容易等到大壯之日，卻還要再度逃避，重蹈小人得勢時的覆轍，因此隨時留意、防患於未然，方為上策。

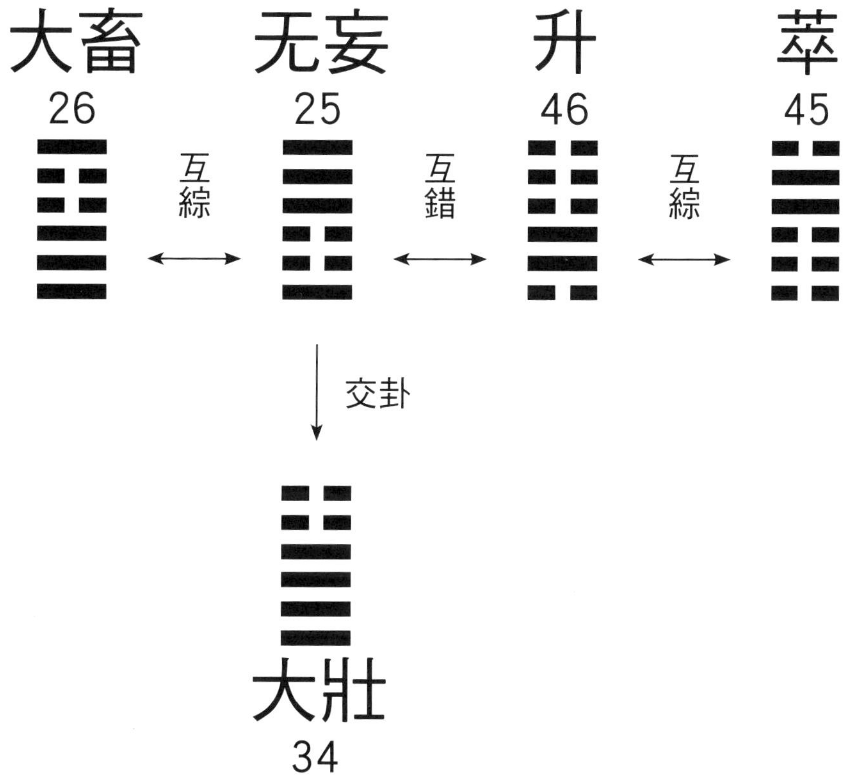
大畜
26
无妄
25
升
46
萃
45
互
綜
互
錯
互
綜
交卦
大壯
34

我們的建議

1 凡事都有前因後果，但由於我們的認知能力十分有限，判斷能力也很薄弱，所以有些因果看得出來，有些因果就怎麼也想不到。倘若能從卦的變化之中用心領悟，對於因果關係的闡明應該大有助益。

2 無論如何，「道」是因果關係的第一因。沒有「道」，連「路」都找不到，怎麼還能夠看出端倪，尋找出因果關係呢？「道」是先天存在的，宇宙的秩序、人類的倫理，全都離不開「道」。

3 我們常說「无妄之災」，似乎是意料之外、想像不到的災難，但實際上都有其原因，只是我們的能力受到侷限，無法把原因找出來而已。孔子倡導「反求諸己」，便是希望大家不要怨天尤人，把責任往外推。反過來，也才有可能找得到災難發生的根本原因。

4 為什麼否(ㄆㄧˇ)卦（䷋）緊接著泰卦（䷊）出現，而未濟卦（䷿）也緊緊連在既濟卦（䷾）的後面？這當中有一個極其重要的因，那就是妄念、妄行。要避免由泰而否(ㄆㄧˇ)、既濟而未濟，最好的辦法，即是「每日三省吾身」，時時刻刻以「无妄」自勉。

5 每一個卦的綜卦、錯卦和交卦，以及卦中所含的卦，都具有因果關係。一卦六爻，所有的爻際關係，也都有因果的牽連，必須詳加思慮、用心分析，以求心安理得。

6 人生最為悅樂的，莫過於隨遇而安，沒有條件、不受限制地自得其樂。《易經》第十七卦為隨卦（䷐），我們接下來就要看看隨卦六爻在說些什麼？

《第五章》

隨卦

六爻有哪些啟示？

隨的意思，是隨緣、隨從、隨順，
先決條件即在目標正大、動機純正。

嘻嘻哈哈地隨著眾人混日子，很可怕，
只要因果關係不健全，結果很可能家破人亡。

隨之以正，因果關係才得以健全。
隨緣隨緣，要隨善緣，才能夠隨緣不變。

隨上、隨下、己隨人、人隨己，都是隨，
無論如何都應該守正，否則不如不隨。

隨時做出合理的調整，叫做「時中」，
稍有大意，禍患就在眼前，不可不慎。

隨機應變，隨緣歡喜，才能隨遇而安，
並非被動，而是主動，充滿隨順的樂趣。

一．初九官有渝為入世法門

隨卦（䷐）下震上兌（ㄉㄨㄟˋ），象徵大澤中有雷鳴。「隨」的意思，是澤水隨著雷的震動而有所波動，引申為隨從、隨順。

卦辭說：「隨，元、亨、利、貞，无咎。」倘若比照乾卦（䷀）的卦辭，解釋為隨卦和乾卦一樣，具有「元、亨、利、貞」四種美德，那就很不妙了！容易使人誤解為「隨從總是好的」，反而扭曲成「隨波逐流」，那就有失隨道的真意了。

隨從、隨順，應該要有一個先決條件，那就是誠信守正。隨的目標正大光明，隨的動機純正不邪，隨的結果又很良好——這樣的追隨，符合「元亨利貞」的要求，才能无咎。「元亨利貞」是隨道得以无咎的必要條件，而且缺一不可。

初九爻辭：「官有渝，貞吉；出門交有功。」小象說：「官有渝，從正吉也；出門交有功，不失也。」「官」指官職、主腦或主司。「有渝」即有所變化，「官有渝」泛指宦途的波折、起伏、變化。初九當位，居於下震的始爻，是隨道的開始，所追隨的，不過是人和事，還談不上時和位的變化。人和事的現象，表面上看起來，固然是起伏不定，變化多端，實際上則有不易的規律。初九與九四並不相應，象徵初九陽剛，反居於六二陰柔之下，變得可正可不正，不容易取得九四的信任。這種「官有渝」的現象，必須走正道才能獲致吉祥，否則隨時都可能有波折。初九為始位，初次出門與人交往，倘能和光同塵，而不失其貞正的操守，便可以改變局面。即使人微言輕，仍然能夠收到令人注目的功效。初試啼聲，便使人耳目一新，即為「貞吉」和「有功」的效果。

隨 17 ䷐

初九，官有渝，貞吉；出門交有功。

初九當位，居下震始爻，是隨道的開始。與九四不相應，又以剛承柔，在六二之下，象徵初九可正可不正，不容易取得九四的信任。「官」指官職，「有渝」即有所變化。「官有渝」，便是宦途有波折起伏。在這種情況下，唯有走正道才能吉祥，所以說「貞吉」。初九初次出門與人交往，初試啼聲，就使人耳目一新，當然有功。爻變成為萃卦，象徵以正交友，才能聚合同道。

貞正操守獲得信任，是入世的法門。

二、六二係小子能慎擇對象

隨卦（䷐）彖辭：「隨，剛來而下柔，動而說，隨。大亨貞，无咎，而天下隨時。隨時之義大矣哉！」隨卦下震陽剛，上兌（ㄉㄨㄟˋ）陰柔。陽剛的震卦來到陰柔的兌（ㄉㄨㄟˋ）卦下面，象徵剛能下柔，所以剛有所動，柔就會樂於追隨。「說」即喜悅。事實上，人在喜悅時和憤怒時，同樣都會產生偏差，所以隨卦特別提出警示：必須引導者和追隨者，都共同遵循正道，獲得大亨通，才能无咎。「天下隨時」的「時」字，指的是「大亨貞」。只有「大亨貞」的時代，天下才可以樂於追隨，可見隨道的「義」十分重大。「義」便是合理的規律，順從合理的規律，才能大亨通而无咎。

六二爻辭：「係小子，失丈夫。」小象說：「係小子，弗兼與也。」六二以陰柔當位居下震中爻，又與九五相應，原本可以發揮以柔克剛的力量，造成隨的效果，但是下震的主動力量在初九，容易誘使六二遠九五而近初九。「小子」是尚未成熟的男子，指的是初九。「丈夫」為成熟的男子，指的是九五。六二以柔乘剛，難免繫念初九，反而喪失了九五的感應。六二心繫初九這個小子，卻失掉了九五這位丈夫的歡心，象徵六二原本應該發揮影響力，使九五樂於隨順，現在卻由於初九敢衝敢撞，因此存心加以利用。然而，六二心繫於此（初九），必然失去彼（九五）的信任。「弗」是不的意思，「兼與」則是兼顧。「弗兼與也」，便是權衡取捨的時候，很難兼顧。六二這種作風，有違坤卦六二「直方大」的原則，以致顧此（初九）失彼（九五），實在咎由自取。隨道的對象必須守正，不能因為私心或貪念，造成三心兩意、患得患失的惡果。

隨 17

六二，係小子，失丈夫。

六二當位，以柔乘剛，在初九之上，象徵與九五相應，卻難免心繫初九。「係小子」，便是六二繫念初九這位小子。「失丈夫」即為喪失了九五的歡心。六二這種作風，有違坤卦六二「直方大」的原則，以致顧此（初九）失彼（九五），實在咎由自取。六二爻變即成兌（ㄉㄨㄟˋ）卦，表示倘能堅持守正，不三心兩意，便能重獲九五歡心而兩情相悅。

慎擇交友對象，不可三心兩意。

三。六三係丈夫將有求必得

隨卦（䷐）大象說：「澤中有雷，隨；君子以嚮晦入宴息。」「澤中有雷」是隨卦的象，君子看到澤水隨著雷震而產生波動的現象，便自覺地養成隨順自然規律的良好生活習慣。「嚮晦」是將近黑夜的時刻，我們稱為「向晚」。「宴息」是休息。「入宴息」是入室休息。唯有對個人、家庭、社會，都覺得相當安心的情況下，才能夠過著日出而作、日落而息這種有規律的正常生活。這樣的好日子，是不隨便附和、盲從、起哄的良善成果。

六三爻辭：「係丈夫，失小子。隨有求得，利居貞。」小象說：「係丈夫，志舍下也。」六三和六二位置不同，仰承九四（丈夫）而遠離初九（小子），所以說「係丈夫，失小子」。六三隨順九四，能夠有求必得，不像六二那樣，容易顧此失彼。按理說，六二當位而六三不當位，但卻由於六二存心兩面討好，反而不如六三的從上捨下。六三以陰柔居下震的上位，與上六又不相應，在這種情況下，既不敢存心利用初九，也不便高攀九五，上下的距離都很遠，於是便「利居貞」，也就是以正道自居，決心上隨九四。剛好九四也與初九不相應，所以對六三有求必應。由於六三並不當位，又是下震的上位，很容易惹上「三多凶」的禍患，因此爻辭特別提示「利居貞」。「居」是處的意思，「居貞」便是自處於正道。「利居貞，說明六三只有在走正道的條件下，才能吉祥有利；倘若走邪道，有求必得，反而會替自己招來凶禍。隨正不隨邪，是隨道的不易原則。大自然上有光明而下為黑暗，隨上不隨下，啟示人們「棄暗投明」的道理。

隨 ䷐ 17

六三，係丈夫，失小子。隨有求得，利居貞。

六三和六二的位置不同，以柔承剛，能夠仰承九四（丈夫）而遠離初九（小子），所以說「係丈夫，失小子」。六三不當位，與上六不相應，又居於下震的究位，若按易卦「三多凶」的慣例，應該不可能有利。但是六三以正道自居，決心上隨九四，剛好九四與初九不相應，所以對六三有求必應，反而能收「利居貞」的效果。爻變為革卦（䷰），表示革除舊有的兩面討好思維，將有利於六三走上正道。

隨上不隨下，是隨道不易的法則。

四、九四有獲警戒不可過分

隨卦（䷐）下震上兌，震為陽卦為長男，兌為陰卦為少女，卦象是澤中有雷，象徵陽剛屈居陰柔之下，以求隨順和同，上下同心協力。主要精神，則是上兌隨下震而動，現代稱為「順應民意」、「廣納各方意見」，務求上下和順。

下震初九涉世未深，往往是既天真又愛表現，最好能夠及早培養權衡取捨的能力，以避免遭受利用。否則，對自己造成傷害事小，對隨道喪失信心才更為可怕。六二應該具有正確的取捨能力，知道隨時調整自己的心態，才不致顧此失彼。六三則應遵循「從上捨下」的立身原則，以獲得九四的有求必應。

九四爻辭：「隨有獲，貞凶。有孚在道以明，何咎？」小象說：「隨有獲，其義凶也；有孚在道，明功也。」九四陽剛，卻並不當位，處於上兌的開始，由於下據六三、六二兩陰爻，所以隨時有所獲，因而心生喜悅。依正常的規律來看，應該是良好的隨順，但是由於過分親近六三、六二，必然會引起九五的不安，懷疑九四是不是存有私心，想要討好群眾，營造自己的勢力？爻辭因而特別提出「貞凶」的警語。九四和九五比鄰，必須將心比心，站在九五的立場，想想自己的處境。「有孚」即誠信，「在道」指合乎正道。「以明」的意思，是透過誠信守正來表明自己的心態，把「隨有獲」的凶險降到最低。九四以誠信守正的態度，對九五表明心志，應該可以无咎。歷史上竊國的奸臣，大多是先從獲取民心著手，無怪乎君王容易對九四近臣產生懷疑。當年周公、伊尹、蕭何，都遇到「貞凶」，即使「有孚在道」，也應該在心理上做好準備，以免真的遭遇凶險。

隨 17 ䷐

九四，隨有獲，貞凶。有孚在道以明，何咎？

九四陽剛卻並不當位，處於上兌(ㄉㄨㄟˋ)的開始，由於下據六三、六二兩陰爻，所以隨時有所獲，因而心生喜悅。依正常規律來看，應該是良好的隨順，但由於過分親近六三、六二，勢必引起九五的不安，懷疑九四是不是存有私心，想要討好群眾，營造勢力？所以說「貞凶」。倘若九四能透過誠信守正道，來表明自己的心意，把「隨有獲」的凶險降到最低，應該就可以无咎。九四爻變即成屯(ㄓㄨㄣ)卦，表示內心充滿純真的真情，可以化解凶險。

真金不怕火鍊，誠信守正道，經得起考驗。

五．九五孚于嘉得眾人信任

隨卦（䷐）的精神，大致上可以分成「隨和」、「隨順」、「隨率」三種不同的層次。「隨和」是不知道取捨，隨意附和。九四的「隨有獲」，便是受到六三、六二的鼓動、奉承，心生喜悅而招致「貞凶」。而「隨順」則是順乎道理，能順才順，不能順即不順，九五應該當之無愧。「隨率」是盲從、苟合，上六乍看之下，有這種景象，但是深究其真義，則是自然到不拘泥於世俗，有率性隨順的修養，才是隨道的上乘功夫。

九五爻辭：「孚于嘉，吉。」小象說：「孚于嘉，吉，位正中也。」九五當位，又是上兌的中爻，居中得正，所以說「位正中也」。「孚」是信任，「嘉」指美善。為眾多的美善人士所信任，便是「孚于嘉」。有人信任，還必須進一步考察是哪一種類型的人？倘若是美善的人，那才是吉祥。九五賢明，知道可順、不可順的取捨。合乎天道的，才順；不合乎天道的，不順——這才是真正的順應民意，而不是把它當做口號，用來籠絡民心。現代人常把「市場導向」掛在嘴邊，實際上，在順應市場需求的同時，仍必須謹慎明辨，方向是不是正確？如果是，當然可以順應；假若不是，那就不能盲目順應，反而應該教育顧客，把市場的需求，給予合理的導正。受到歡迎的產品，究竟是受到什麼樣的人歡迎？產生什麼樣的效應？這些都是必須探究的課題。隨卦（䷐）下震上兌，下震以初九為主爻，上兌以上六為主爻，然而全卦的卦主仍是九五，能夠「位正中」，才得以「孚于嘉」。若能具備這樣的條件，上兌便可以放心地隨下震波浪起伏，享受歡愉的氣氛，上下和同而无咎。

隨 17 ䷐

九五，孚于嘉，吉。

九五當位，居上兌ㄉㄨㄟˋ中爻，又與六二相應，條件十分良好。「孚」為信任，「嘉」是美善，表示九五為眾多美善人士所信任，所以吉祥。九五賢明，知道可順、不可順的取捨，能夠知人善任，造成「孚于嘉」的美善風氣。爻變為震卦，象徵九五的起心動念，能造成很大的震撼，所以必須保持正道，時時求合理，才能享受隨順的歡愉。

彼此同心、互相信任，是「隨順」的最佳保障。

六。上六拘係由勉強轉自然

隨卦（䷐）下震上兌，象徵以剛下柔，講求隨和通變，只要能走正道，就沒有窮極的窘境。上六爻辭：「拘係之，乃從維之。王用亨于西山。」小象說：「拘係之，上窮也。」這裡明明說「上窮」，為什麼我們還認為隨道並沒有窮極的窘境呢？因為「拘係之」既需要拘捕，還要加上用繩索捆綁，才能夠維持隨順的關係，本來就不是良好的現象。現在上六以陰柔居上兌的極位，象徵這種不良風氣已經來到盡頭。九五是王，能夠享宴於西山，顯示上六的隨順，已經一改勉強的心態，轉為自然地順應天理了。上六以陰乘凌九五，難免感染以柔乘剛的不良習氣。經過一番自我心理調整，好比被拘捕、捆綁，才由勉強轉成自然，也就能夠「窮而不窮」了。

初九涉世未深，只能看到隨人、隨事的表象，看得不夠深入，也容易被利用。由此可見，堅持貞正操守，以不變的原則因應萬變的現象，應該是年輕人入世的不二法門。六二、六三逐漸明白隨時、隨位做出合理調整的必要性；九四更進一步瞭解「有孚在道」，但仍具有高度危險性；九五是隨卦的卦主，獲得美善大眾的信任，連帶影響到上六也順應天理、順乎民心，使隨順的效果，發展得十分順利。

「順乎自然而不聽其自然」，應該是隨道的主要精神。由隨人、隨事，到隨時、隨位，更發展到隨心、隨天。孔子能夠做到「隨心所欲而不踰矩」，應該是隨道的最高境界。而誠信守正，抱持「隨機應變而不投機取巧」的心態，隨時以用六「利永貞」來用九，做出階段性的合理應變，可說是隨道的合理發揚。

隨 ䷐
17

上六，拘係之，乃從維之。王用亨于西山。

「拘係之」既需要拘捕，還要加上用繩索捆綁，才能夠維持隨順的關係，並不是良好的現象。現在上六以陰柔居上兌ㄉㄨㄟˋ的極位，象徵這種不良風氣已經來到盡頭。九五是老大，能夠享宴於西山，表示上六大老對他的隨順，已經一改勉強的心態而轉為自然。上六以陰乘凌九五，難免有柔乘剛的惡習，經過一番自我調整，就好比被拘捕、捆綁後，這才化解過來，所以沒有窮極的窘態。上六爻變即成无妄卦，表示沒有妄念，能夠不違反隨道。

由勉強轉為自然，如此一來，隨道就沒有窮極的窘境。

我們的建議

1 存心討好所有的人，結果討好不了任何人——這是許多人的迷思，對隨道造成很大的障礙，特別是炎黃子孫，警覺性高、懷疑心重，根本不可能討好，又何必自討苦吃呢？

2 倘若以討好的方式，獲得了對方的信任，那就更加危險！因為喜歡被討好的人，往往守不住正道，結果同流合污，最後還得替他扛責任、揹黑鍋，還不如及早打住，以策安全。

3 隨上不隨下，並不是看上不看下，討好上級而勉強下屬。大自然上光明而下黑暗，象徵上級的所作所為，必須正大光明，才值得我們追隨。下屬所見不多、所聞不廣，我們應該多加指點，把他們指引到正道上。如此一來，更能上下同心協力，一同開創美好前景。

4 「年輕慎擇師」，追隨名師不如跟從明師，重視經師不如隨順人師；「年長慎擇徒」，找聰明的不如找可靠的，要富有的不如找守正的。正所謂「自作自受」，一切後果都必須由自己承擔。

5 獲得上級賞識，不如得到上級信任。伊尹、周公、諸葛亮、郭子儀都明白「使人君不生疑惑，才能無過」的道理，所以獲得全終。韓信、彭越、年羹堯等人，未能「有孚在道以明」，因而遭遇不幸，值得我們深思。

6 九五是卦主，與六二剛柔相應，上下同德，構成美善的組合。好老闆要有好伙計，好伙計要追隨好老闆，這是人間的美事，也是「隨道」合理發揚所造就的美善結果。

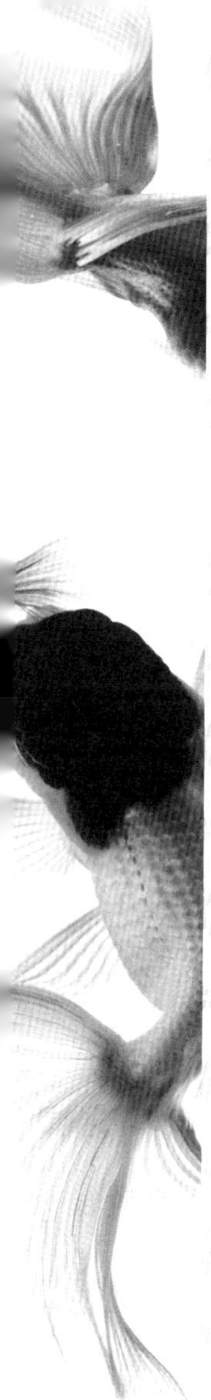

《第六章》

隨時之義

為何大矣哉？

「隨時」把「隨」和「時」這兩個字結合在一起，
表示隨著時的流逝，要適時做出合理的調整。

時間一分一秒過去，永遠不可能復返，
不能及時順勢而為，即是不知道隨機應變。

做人做事，必須時時刻刻隨機應變，
但若把投機取巧當做隨機應變，則是害人又害己。

人生的歷練，完全離不開時的考驗，
必須隨時隨地，做出合乎時勢的調整。

所有因果，都需要時來呈現，
時機成熟，情勢有利，自然瓜熟而蒂落。

自然孕育，是因果的最佳歷程，
順乎自然而聽其自然，即為順天應人。

一・彖傳中有十二卦大矣哉

《易經》重視「時」，彖傳中讚歎「時、時義、時用」的，共有十二卦：

豫卦（䷏）彖傳：豫之時義大矣哉！

隨卦（䷐）彖傳：隨時之義大矣哉！

頤卦（䷚）彖傳：頤之時大矣哉！

大過卦（䷛）彖傳：大過之時大矣哉！

坎卦（䷜）彖傳：險之時用矣哉！

遯（ㄉㄨㄣˋ）卦（䷠）彖傳：遯（ㄉㄨㄣˋ）之時義矣哉！

睽（ㄎㄨㄟˊ）卦（䷥）彖傳：睽（ㄎㄨㄟˊ）之時用矣哉！

蹇（ㄐㄧㄢˇ）卦（䷦）彖傳：蹇（ㄐㄧㄢˇ）之時用大矣哉！

解卦（䷧）彖傳：解之時大矣哉！

姤（ㄍㄡˋ）卦（䷫）彖傳：姤（ㄍㄡˋ）之時義大矣哉！

革卦（䷰）彖傳：革之時大矣哉！

旅卦（䷷）彖傳：旅之時義大矣哉！

其中含有時義、隨時、時、時用四種提示。「時義」有豫、遯（ㄉㄨㄣˋ）、姤（ㄍㄡˋ）、旅四卦，主要在闡明「時」的意義，必須順時而動、順時而退、順時而合、順時而旅——同樣是「時」，卻有不同的意義，必須明白其中的道理。「隨時」指隨著時間的流逝，順其自然而動，專就隨卦而言，是把「隨」和「時」兩字，緊密地結合在一起。「時」有頤、大過、解、革四卦，主要在說明時宜的重要性，無論是養生、送終、解放、革命，都應該合乎時宜。「時用」有坎、睽（ㄎㄨㄟˊ）、蹇（ㄐㄧㄢˇ）三卦，心存誠信而行險，小別勝新婚，能明辨時勢善用蹇（ㄐㄧㄢˇ）難，即為時用。

- 大矣哉
  - 時義
    - 豫 16 —順時而動，是行事成功的關鍵，令人喜悅。
    - 遯（ㄉㄨㄣˋ）33 —君子不以失時而棄位，仍然盡力引導小人走上正道。
    - 姤（ㄍㄡˋ）44 —對於難得的際遇，要能夠及時把握。
    - 旅 56 —人生原本就像旅途般，要及時調整心態。
  - 隨時
    - 隨 17 —隨時的隨，在這裡當動詞用，表示隨著時變而動。
  - 時
    - 頤 27 —掌握頤養的時機，才能保健養生，進而養民。
    - 大過 28 —難得上下同心，雷厲風行之際，必須及時求治。
    - 解 40 —解難的良好時機，要及時採取行動。
    - 革 49 —使不正道的回歸正道，是非常的時變。
  - 時用
    - 坎 29 —險可以常設而不必用，不應該要用時卻無險可守。
    - 睽（ㄎㄨㄟˊ）38 —志不同道不合時，仍應力求調合，加以挽救。
    - 蹇（ㄐㄧㄢˇ）39 —處蹇（ㄐㄧㄢˇ）難之時，要能明辨時勢，堅守正道。

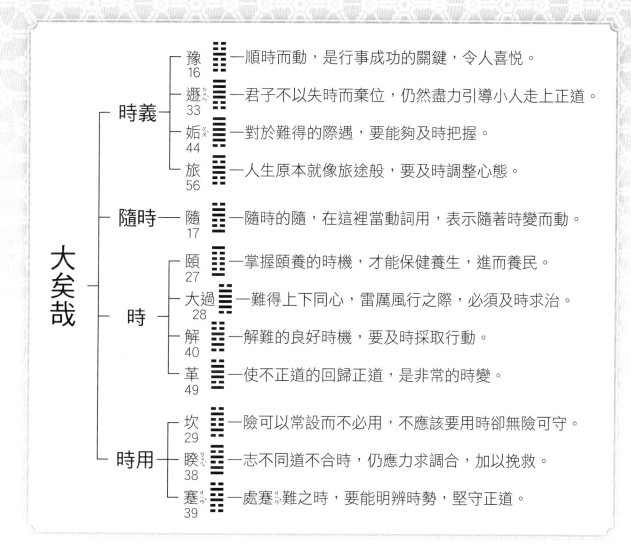

二、因果關係需要時來顯現

我們常說：「不是不報，時辰未到。」意思是有因必有果，倘若果還沒出現，那只是時間早晚的問題。只要時一到，果就顯現了。時含有「時機」和「情勢」兩部分，必須兼顧並重，缺一不可。時機良好，而情勢不利，就需要造勢，透過人力把勢造出來，以配合良好的時機。時勢配合，自然能夠產生良好的效果，稱為「時勢造英雄」。實際上，英雄自己也在造勢，並不一定完全依靠天時。情勢良好，而時機卻不合適，這就比較難以改變。畢竟，時的決定力量，比勢更強大。生不逢時的人，再怎樣造勢，成功的機率並不大。孔子談《易經》，最深刻的體會，莫過於「時也，命也」。孔子可以造勢，事實上，他也造出了很大的勢。然而時運不濟，功名未遂，這也不是孔子所能夠改變的。所幸時過境遷，後世終於明白孔子的理想十分偉大，因此對他尊崇備至。通過時間的考驗，「至聖先師」的尊稱，便是時間對孔子生前所種的因，所結出的美好果實。

六十四卦之中，有當位或有應的爻，卻由於失時而導致凶禍的；也有不當位或無應的爻，因為得時反而吉祥的。可見「時」的力量，也遠大於「位」。我們所言所行，「位」不對還可以調整，「時」不對實在很難挽救。最好的辦法，其實是安於時變，不以勝敗論英雄。凡事但求無愧於心，至於結果如何，都能夠坦然接受，不怨天也不尤人。「成者為王、敗者為寇」是他人的觀感，與我無干。我們常說：「菩薩重因，凡夫重果」，安於時變的先決條件，即在於先把「因」處理好，然後就能安心地接受時變所產生的「果」，有如孔明那樣，鞠躬盡瘁而毫無悔恨。

時

因 → **果**

因：

孔明訂下隆中對策
經過再三考驗
終於答應輔助劉備
獲得關羽、張飛、趙雲信任
用心聯吳抗曹
形成三國鼎立之勢

果：

關羽大意失荊州
劉備堅持伐吳大敗
孔明六出祁山不利
計誘司馬父子深入上方谷
眼見火燒得逞卻逢暴雨
鞠躬盡瘁死而後已

孔明安於時變
樹立最佳典範

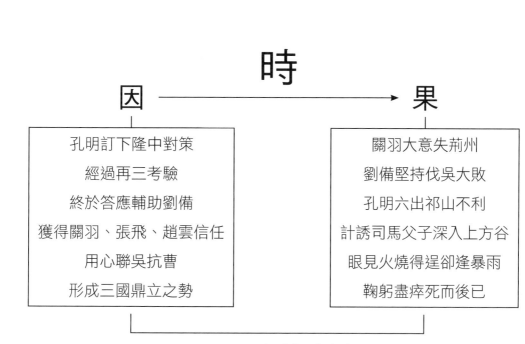

三、人生在世即在享受過程

「元亨利貞」為天道的四德，可以把四個字連在一起，解釋為：元始開通、和諧貞固，一氣呵成，表示種善因得善果。慎始善終而且循環往復，才是生生不息的最佳保障。也可以分成「元亨」和「利貞」兩段：「元亨」即是大通，「利貞」便是堅守正道。以大通的因，收堅守正道的果。另外，還可以分成「元」、「亨」、「利」、「貞」四段：「元」指起點。「亨」即生機暢通。「利」為各得其所而互不妨害。「貞」是生物已成，深藏若虛。「元」代表道理，一開始便依理而行；「亨」表示亨通，也就是遵守規矩，安全通達；「利」即為和諧，而「貞」便是安定，都是依理而行所造就的良好效果。然而「一陰一陽之謂道」，告訴我們陰陽是相反相成的兩種因素。有亨通便有不亨通，有守規矩也有不守規矩的時候。和諧之中，含有不和諧的氣氛；而安定的時候，同樣潛伏著不安定的危機。世事多變化，隨時有預料不到的變數，以致人生的遭遇，大多起伏不定，憂喜參半。我們最後的結果必然是死亡，自古以來就不曾有例外，所以人生在世，過程應該重於結果。既然活著一天，就應該享受一天的樂趣，創造一天的價值。無論任何艱難險阻、歡樂喜慶，都應該安然處之，欣然接受。時時是好時，日日是好日，事事是好事，而且人人是好人。抱持逢憂必喜的心情，來享受每一天的過程。如此一來，果然是隨遇而安，能夠活得十分歡喜自在。而這一切，皆是本於一個「正」字。誠意正心，可促使所有因果關係趨於正常合理，人生也就其樂無窮了！

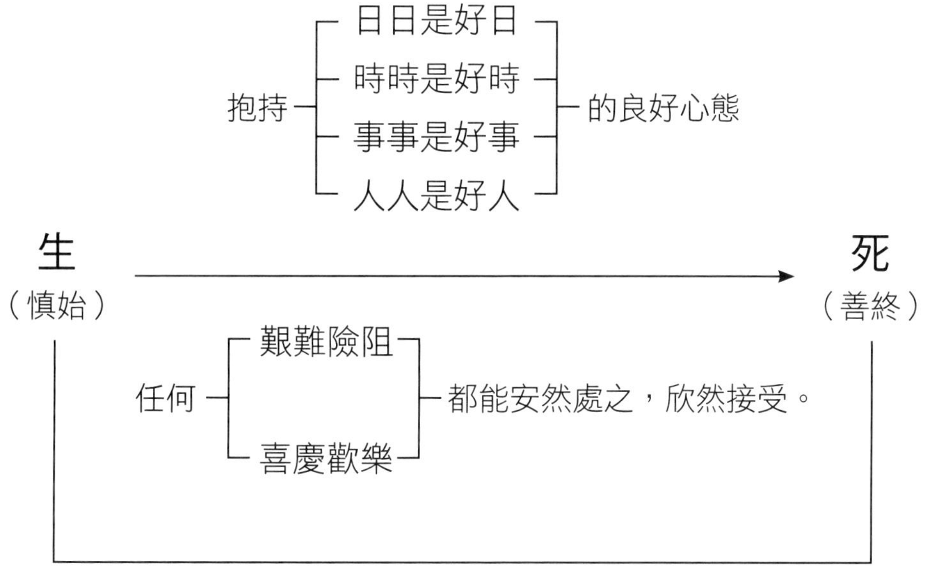
抱持
日日是好日
時時是好時
事事是好事
人人是好人
的良好心態
生
（慎始）
死
（善終）
任何
艱難險阻
喜慶歡樂
都能安然處之，欣然接受。

未知生，焉知死？人生在世，過程重於結果！

四・無論如何要能笑著回去

人誕生時，是哭著來的。生下來的時候，倘若不哭，大家就會十分緊張，非打到哭不可！因為不哭就不能呼吸，根本活不成。我們懷疑「伏羲」便是「呼吸」的同意字，表示伏羲這位中華文化的創始者，對炎黃子孫而言，就好比呼吸般的重要。

依據一陰一陽的道理，我們既然是哭著來，就應該要笑著回去，這輩子活得才有意義。然而，要怎麼笑著回去呢？關鍵即在「死得心安理得、毫無愧怍」，用不著害怕死後會有什麼可怕遭遇，以致心生恐懼而笑不出來。《易經》自伏羲、文王到孔子，由符號、筮術而哲學，把天地之道，落實到為人之道，由神本位轉為人本位，使中華民族負有人禽之辨，擔得起人之所以為人的重責大任。

無論時代怎麼流轉，宇宙怎麼改變，人都必須和動物拉開適當距離，以確保人之所以為人的常理，這點一定不能改變。現代人一味求新求變，誤認為「凡是新的，必然勝過舊的」，實際上，這就違背了「不易之易」的原則，忘記了「變中之常」不但不受時空的限制，而且還歷久彌新，永不落伍。我們必須覺悟：人類確有其永久而普遍存在的生活法則，既不能違背，也不可以更改，以免數典忘祖、貽害子孫，成為千古罪人。

重人道、講人情、樂人生，是中華文化的特質，不能夠由於扭曲、誤解、失傳而加以否定，更不應該採取西方的觀點、站在西方的立場、引用西方的標準，來說三道四，徒然增添社會和家庭的混亂，造成難以化解的困境。而其中最大的不幸，恐怕還是自己有朝一日「不能笑著回去」的恐懼吧！

回去那裡？回到來時的地方。

既來之，則安之。好好把這一生過好。

秉持不易的生活法則，不必費神求新求變。

因為變易的是生活方式，原本就已不停地在改變。

哭著來 ——————→ 笑著回去

想清楚持經達變的道理，應該變才變。

千萬不要胡亂地加以改變。

重人道、講人情、樂人生，都是以「人」為本，

基本要件在於「人禽之辨」。

時刻勿忘「人之所以為人」的道理。

若能確實奉行，應該就可以笑著回去，但仍要適時。

五、憂患意識是重因的表現

提起「講人情」，不知道有多少人因此感到緊張、徬徨、憂慮？因為長久以來，我們充滿了「人情包袱」的可怕念頭，殊不知「人而無情，何以為人？」我們的「理」，離不開「情」，稱為「合情合理的由情入理」；我們的「法」，也離不開情，叫做「合乎人情義理的法」。西方以理性為主，認為人是理性的動物，重視同理心，甚至於宗教信仰也強調理性，主張用邏輯來證明神的存在。康德的「純粹理性批判」，更是西方哲學的代表作。儒家說仁，是人心的表現，其實就是「發而中節」的情感。君子是「發乎情，止乎禮」的人格，孔子的「父為子隱，子為父隱」，也是以情治國的基礎。現代人卻自以為是，不提「同情心」，而大談「同理心」，口口聲聲「以法治國」，實在是不瞭解中華文化的嚴重誤解。我們不偏情也不偏理，而是「寓法治於情治」，這才合乎「一陰一陽之謂道」的原則。

《易經》常有關於祭祀的情節，便是我們的情感，不但顧及已經去世的親人，而且還及於完全沒有親屬關係的古聖先賢。因為他們具有十分濃厚的憂患意識，關懷當時和未來的人群社會，值得我們尊崇和敬仰，因此透過祭祀，表達我們對故人的追思和禮敬。透過祭祀活動，使古人的情與我們的情交相感應，這種力量非常值得珍惜。孔子明知自己不見用於當世，卻依然努力不懈，倡導平民教育；孔明心知肚明，自己選擇劉備是正確的，只可惜人對而時不對，但他還是下定決心，要鞠躬盡瘁，死而後已。對世人、對後世子孫的情，便是支持他們「明知其不可為而為之」的最大力量，也因此種下了最具憂患意識的「因」。

中華文化情理兼顧並重

合乎「一陰一陽之謂道」

↓

我們不但有同理心

而且有同情心

由情入理

才具有溝通的效用

↓

現代人強調同理心

口口聲聲以法治國

已經偏向理而忽視情

↓

不通人情何以為人？

合乎義理的情

並沒有不妥

人是理性動物

卻也不能無情

六・隨時順以動求心安理得

《論語・陽貨篇》記載：「子曰：天何言哉！四時行焉，百物生焉，天何言哉！」天不言不語，而四時運行，萬物化生，卻是自然而然，絲毫不費力。隨卦（䷐）彖辭說：「動而說，隨。」下震為動，上兌為悅，所以說「動而說」（此處的「說」同「悅」）。老子說：「和其光，同其塵」，意思是與世俗相調合，並不標新立異。兩者皆不約而同，說明了能夠隨時順以動，才是隨卦「貞固无咎」而「大為亨通」的關鍵所在。「隨時」的「時」，並不是指某個特定的「時」，而是任何時間都可以順而動。要能做到這點，就必須具有隨遇而安的修養。我們時常可以聽到類似下面這種對話：

某甲：「請借我三萬元。」

某乙：「我可以借給你，但你什麼時候還？」

某甲：「你隨時要，我隨時還。」

結果呢？等到某乙要某甲還錢時，某甲竟然說：「沒辦法，我現在沒有錢。等我有錢的時候，一定還給你。」

這就是對「隨時」的誤判和誤用，把「時」限定在「等我有錢的時候」，違反了「任何時間」的本義。若要求心安理得，某甲根本不應該說什麼「你隨時要，我隨時還」的話，因為實際上是辦不到的！而某乙也不該輕易地就相信某甲的承諾，因為「凡輕諾者必寡信」。若是雙方面都能隨時「順以動」，自然「動而悅」，彼此都能夠心安理得。我們建議當某乙聽到某甲輕率的承諾時，最好能提高警覺，找藉口不把錢借給某甲，以免除將來可能產生的後患。雙方皆依易理而行，就可以減少很多苦惱。

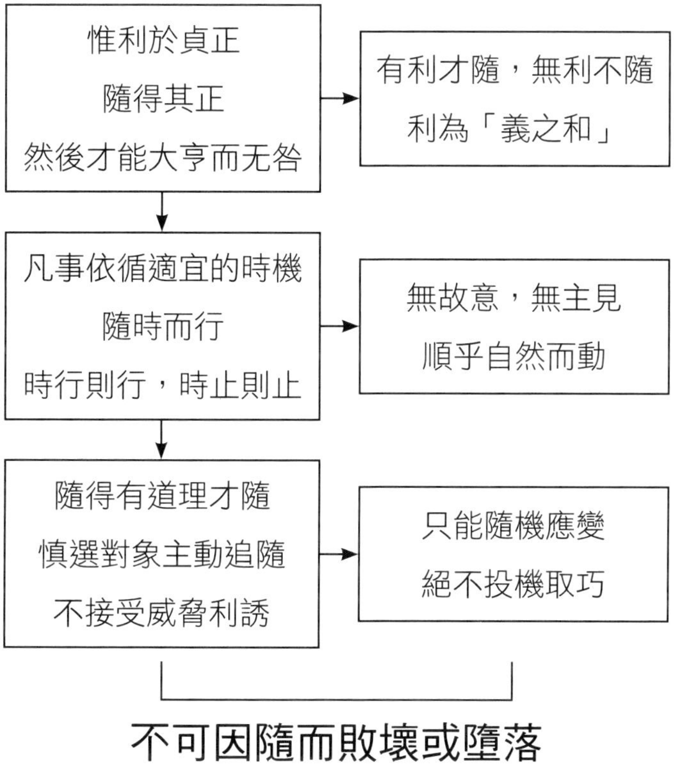
惟利於貞正
隨得其正
然後才能大亨而无咎
有利才隨，無利不隨
利為「義之和」
凡事依循適宜的時機
隨時而行
時行則行，時止則止
無故意，無主見
順乎自然而動
隨得有道理才隨
慎選對象主動追隨
不接受威脅利誘
只能隨機應變
絕不投機取巧
不可因隨而敗壞或墮落

我們的建議

1 《易經》中所說的「時」，便是指「時間」。〈繫辭．上傳〉說：「廣大配天地，變通配四時，陰陽之義配日月，易簡之善配至德。」這個「配」字很有意思，是自然配合，絲毫不能勉強。四時更替並無定制，也需要變通，這點相當值得我們深思。

2 現代人很喜歡「模式」、「定型」，違背了《易經》所說的「不可為典要，唯變所適」。我們沒有理由反對「模式」、「定型」，卻必須侷限於特定範圍內，以免淪為機器人。人活著，就要具有彈性，若是不能變通，就很難做到「時中」。

3 「時中」即時時都合理，最好的辦法，便是隨時保持「順以動」，抱持「害人之心不可有，防人之心不可無」的心態，才能「順以動」而心安理得。「太放心」的結果，往往是「不安心」。

4 要能隨遇而安，就必須隨時做好心理準備。剛開始可能會吃一點虧、上一點當，若是把它當成「繳學費」，數目便不能太大，以免自己負擔不起。隨時都要提高警覺，以便能在這方面適當節制。

5 不能因為偶有損失，便對「隨時」喪失信心，以免得不償失！再接再厲，對「隨時」多加磨練，熟悉後便能得心應手，可以自然的「順以動」了。

6 若能把隨卦的因果關係，做出更深一層的探討，應該有助於掌握「隨之時義大矣哉！」的要領。因此，下一章我們將把隨卦的前因後果，以及相關的卦象分別加以說明，提供讀者做為參考。

《第七章》

隨卦
有哪些因果關係？

隨卦的綜卦和錯卦，都是蠱卦，
表示一旦隨得不正，就會產生惑亂的惡果。

隨卦的前一卦，稱為豫卦，
表示若不慎選追隨對象，則後患堪慮。

隨卦有五個互體，宜深入探究，
找出隨而不蠱的方法，防患於未然。

六個爻變，產生六種不同的卦象，
可從上到下，或由下而上，探討其中的一貫之道。

「隨」字含有「惰」的形跡，懶惰是隨的大患，
隨得很樂，不動腦筋，當然會產生嚴重的後遺症。

因果關係並非固定，而是變化多端，
隨道也不例外，最好能夠全盤探討，才能既隨且和。

一、豫在隨前但蠱緊跟於後

〈序卦傳〉說：「豫必有隨，故受之以隨。以喜隨人者必有事，故受之以蠱。」〈雜卦傳〉則指出：「謙輕而豫怠也。」謙虛是輕己重人的修養，而豫樂至極必有懈怠。因為豫樂的時候，必然有人樂於追隨。好逸惡勞的一群人，彼此隨順，其後果如何？應該不難想像。以取悅於人的態度去隨順別人，遲早會生出事端，造成蠱動或產生蠱惑，好像中了蠱毒一般。「隨」字當中含有「惰」的成分，表示「樂於追隨」可能帶來「樂於懶惰」的惡果。而人一旦懶惰成性，只盼能夠不勞而獲時，就需要格外用心整治蠱惑了。所以〈雜卦傳〉說：「隨無故也，蠱則飭也。」意思是為了豫樂而隨順的人，經常會心生懈怠，即使遭遇變故也懶得處理，甚至反應遲鈍，無法察覺。起初還可以文飾一番，當做沒有事情發生，後來逐漸敗壞，令人迷惑，非得用心整治不可。看到這些因果關係，我們必須提高警覺，做出下述重大調整，以資預防：

1.慎選「應該追隨」的對象，而不是「喜歡追隨」的對象。應該不應該？是理智的判斷；喜歡不喜歡，則是感情的作用。我們要以理智來指導感情，才是情理並重的良好態度。

2.在隨從的過程中，務必要提高警覺，對於各種變數，做出合理的因應。務求隨機應變，確保隨順的結果不致因懶惰而產生惑亂。如此一來，才有隨遇而安的可能性。

3.心中保持樂於追隨的喜悅，因為這是出於自己理性的抉擇。享受追隨的樂趣，而不是居於其他的利害關係。由隨緣不變，進而隨緣歡喜，當然樂於追隨。

豫 16

樂需要眾樂，
而非獨樂。
因此眾人隨順，
既必要又豫悅。
豫悅才有人隨順，
所以豫必有隨。
豫是因，隨為果。

隨 17

樂於追隨，
最怕所隨不正，
或者因樂而惰，
造成惑亂。
適時適事，
做出合理應變，
才能隨順亨通。

蠱ㄍㄨˇ 18

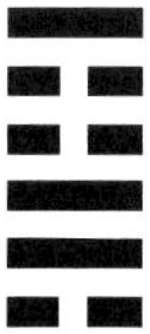

蠱ㄍㄨˇ是隨道不正的惡果，
隨順不當，後患堪憂，
豫樂至極，
必生懈怠，
冀望於不勞而獲，
那就不免惑亂，
必須用心加以整治。

二、隨的錯卦與綜卦都是蠱

隨卦（䷐）的綜卦是蠱卦（䷑），可怕的是，隨卦的錯卦也是蠱卦。這是不是在向我們提出：「隨順的結果，翻來覆去，都離不開迷惑、禍患或弊害」的嚴正警告呢？原來不經思考的樂於追隨，遲早會樂極生悲，我們把這種因果關係，稱為「領袖害死群眾，而群眾也害死領袖。」群眾似水，領袖如舟。水能載舟，亦能覆舟，符合「一陰一陽之謂道」的原則。領袖具有極大魅力，能帶給群眾無比的歡樂，但結果呢？領袖愈來愈注重自己的魅力，期望能夠長久維持而不減損，於是乎，演變成很多問題不敢面對，許多病情必須隱瞞。而群眾在豫悅中，不僅喪失了抵抗力，也減損了免疫力，相當於被麻醉而不知警惕。一旦事態嚴重，蠱象一一出現，是不是彼此都會感到緊張害怕，而不得安寧呢？

在現代民主國家，靠魅力贏得選票，可以說是相當普遍。競選時花招百出，男女候選人甚至甘於犧牲色相，用以蠱惑異性選民，這和動、植物想盡辦法誘惑異性以求交合，又有什麼兩樣呢？亂開支票，將來根本無法兌現，也是司空見慣的事情。想不到這樣的鬧劇，竟然每隔幾年就重新上演一次，大家都習以為常，還理所當然地認為「不然要怎樣？」憑著這一點惰性，加上「普世價值」的文飾，如此隨蠱相綜又相錯，不知道要虛耗到幾時？可以以民為本、以民為貴，但怎麼可以用虛假的「民主」當做口號來蠱惑人民呢？樂於追隨一旦成為假象，蠱亂的情勢就十分可怕，這種前因後果，歷史上多有鐵證。現代人最好能對「民主」多加用心，探究如何修正為妥，但切莫立刻就聯想到「專制」，這種「二分法」的思維是行不通的！

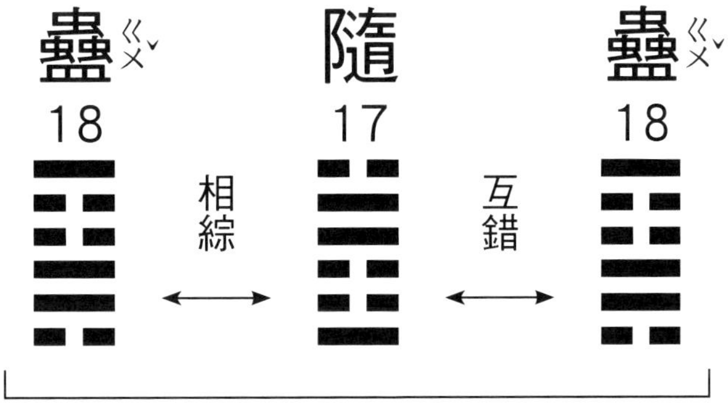

兩邊都是蠱ㄍㄨˇ
必須先預防
隨順的結果
都離不開蠱ㄍㄨˇ
要脫離惑亂
唯有從正吉

三、隨卦的互體有豐富涵義

隨卦（䷐）下震上兌（ㄉㄨㄟˋ），初爻至三爻稱為內卦，表示隨的內在，有一股想要隨順的動力；四爻至上爻為外卦，象徵所要隨順的對象，令人欣然喜悅。由敬愛而隨順，當然值得嘉許；倘若是迷惑於某種魅力或口號，而胡亂隨順於人，其後果必然為蠱（ㄍㄨˇ）。初至四的互體為頤卦（䷚），表示要跳出隨蠱（ㄍㄨˇ）的因果關係，必須重視頤道，力求養民、養賢，務求長久的隨順。

初至五互體為益卦（䷩），象徵隨順時最好心懷誠信，彼此堅守中道。被追隨的領袖和隨順的群眾，都不該過分損人利己，才能雙方獲益長久相隨。

二至五互體為漸卦（䷴），告訴我們：隨道的發展，必須順乎自然，循序漸進。凡是急切冒進的激情，實際上都不可能長久，對大家並沒有好處，大可不必如此。

二至上互體為咸卦（䷞），提醒我們：隨道的交感，最好能建立在「貞正」的基礎上，唯有如此，才能獲得吉祥。

三至上互體為大過卦（䷛），警示我們：當陽剛主導的一方過於強盛，陰柔附屬的一方過於衰弱時，必須用心調整，務求剛柔相濟，主輔之間有所平衡。

隨道要訣在於預先防蠱（ㄍㄨˇ），而卦中的五大互體：「頤」重保身、養民、養賢，並且還要能用。「益」係雙方獲益，不能損人利己。「漸」即循序漸進，日久見人心，自然能夠互敬互諒。「咸」即真心感應，以誠相待，敬以持久。「大過」在於一方太強，一方過弱，失去平衡而產生蠱（ㄍㄨˇ）亂。凡此種種，都是隨道可能發生的弊害，必須預先防患，才能隨順得宜。

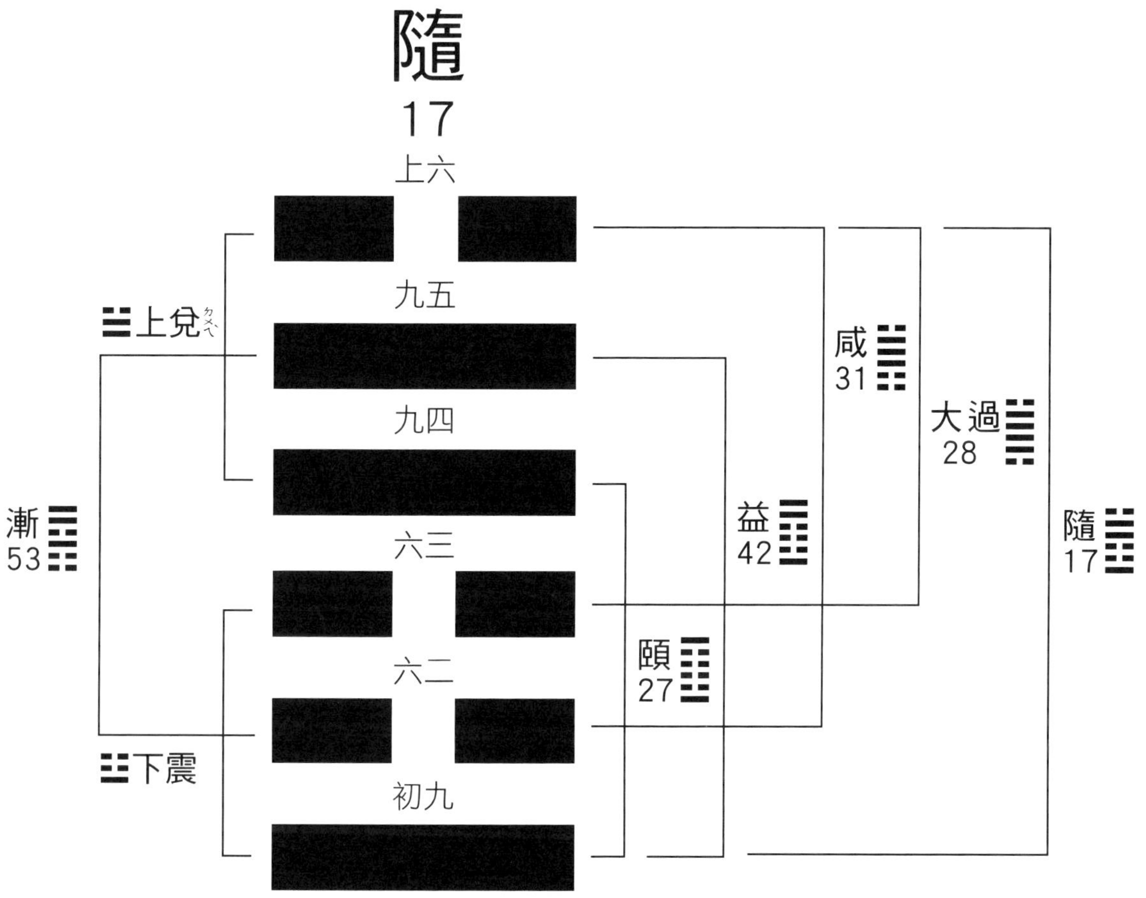
隨
17
上六
九五
九四
六三
六二
初九
上兌
下震
漸
53
咸
31
益
42
大過
28
頤
27
隨
17

四、六個爻變的卦各有提示

隨卦（䷐）初九爻變，即成萃卦（䷬），表示隨道的開始，必須心懷誠信，防止隨順流於邪惡不正。誠意與人為善，共同為正當目標而歡聚，是隨道的良好開始。

六二爻變成為兌(ㄉㄨㄟˋ)卦（䷹），象徵慎重選擇隨順的對象，做出合理的取捨，發自內心的喜悅，當然樂於追隨。

六三爻變，即成為革卦（䷰），提示我們：不論遇到任何變革，都要能夠審時度勢，明辨何以如此的道理。以免盲目隨順，造成《易經》通例「三多凶」的惡果，使自己掉入妄行的陷阱。

九四爻變，就成為屯(ㄓㄨㄣ)卦（䷂），意思是隨順得宜，難免得意忘形，甚至功高震主，猶渾然不覺。如果認為這樣的進展是正常的，那就難免招致凶禍。最好能記取屯(ㄓㄨㄣ)道「勿用有攸往」的教訓，不輕舉妄動，更有利於站穩立場。

九五爻變，即成為震卦（䷲），表示領導者戒懼謹慎，時常自省，使群眾知所警惕，而樂於長久追隨。預先防震，才能致福，創造出隨順和同的榮景。

上六爻變為无妄卦（䷘），象徵大老不生妄念，自然隨順老大，可以避免隨道的窮極而變。倘若上六心有妄念，就可能引來无妄之災，不如由勉強入於自然，以保安全。

把六個變卦連貫起來，用人文薈萃的精神與人隨和，說話算話，有承諾必定兌(ㄉㄨㄟˋ)現，凡有變革，皆能謹慎因應，盡力去除所有負面因素。抱持堅定立場，保持純真本性，起心動念力求无妄，自然能夠樂於隨順，且隨遇而安。

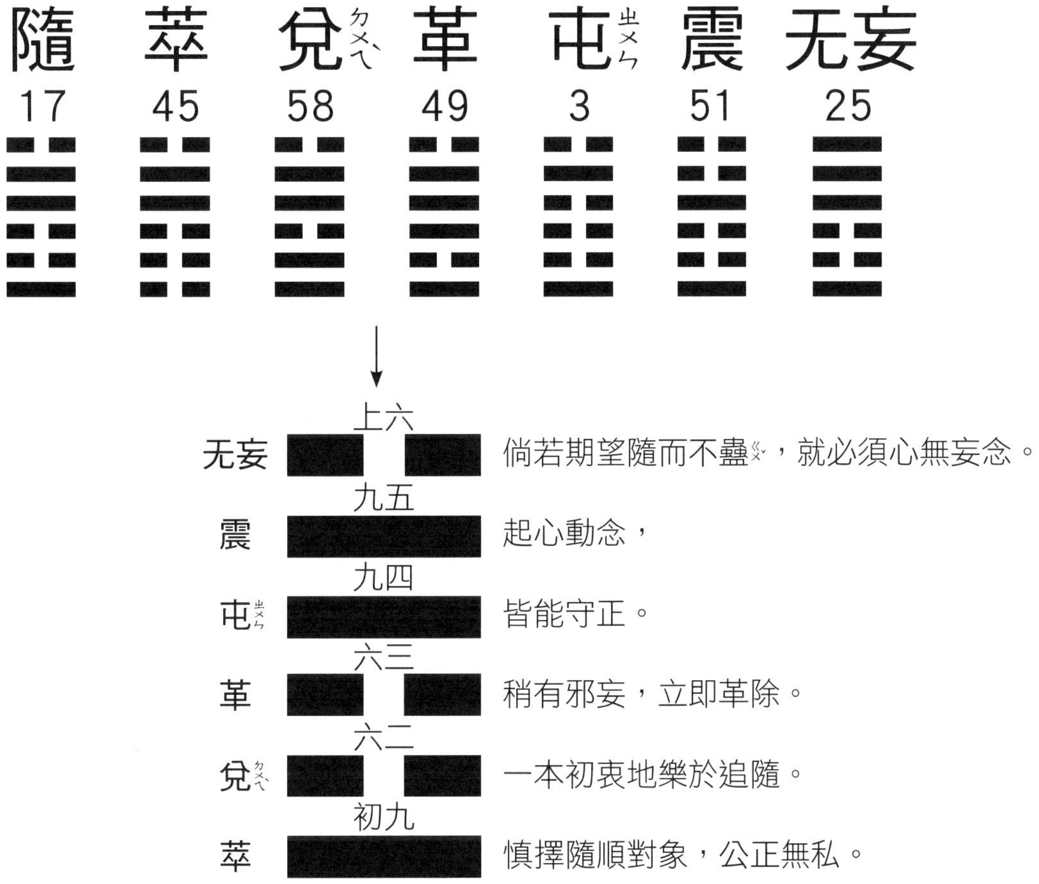

隨 17
萃 45
兌ㄉㄨㄟˋ 58
革 49
屯ㄓㄨㄣ 3
震 51
无妄 25
上六
无妄 倘若期望隨而不蠱ㄍㄨˇ，就必須心無妄念。
九五
震 起心動念，
九四
屯ㄓㄨㄣ 皆能守正。
六三
革 稍有邪妄，立即革除。
六二
兌ㄉㄨㄟˋ 一本初衷地樂於追隨。
初九
萃 慎擇隨順對象，公正無私。

五。還有四個單卦值得參酌

隨卦（䷐）下震上兌，初至三爻為下震，四至上爻即上兌。另外還有兩個單卦，那就是二至四爻的艮卦，以及三至五爻的巽卦。在八個單卦（乾、坤、坎、離、震、巽、艮、兌）之中，隨卦就擁有四個，這些都是隨道的基本修養，缺一不可。我們把隨道四個單卦的特性簡述如下：

震卦（☳）一陽爻在二陰爻之下，承受強大的壓迫，已經累積了一股強而有力、蓄勢待發的能量。這一股隨的動力，必須配合兌卦（☱）的特性，有令人喜悅的地方，才值得樂於追隨。震為長男，兌為少女，可謂兩情相悅。若要進展到夫唱婦隨的地步，必定要隨得合理，並且循序漸進，才能獲得幸福美滿的未來。

兌卦（☱）一陰爻在二陽爻之上，表示乾卦（☰）的第三爻，為了避免陽剛過亢的殺傷力，特別爻變成陰爻，以展現其柔性的訴求。退一步海闊天空，應該是隨順的包容性與柔性溝通所帶來的喜悅。隨而能和，和才能安。

艮卦（☶）一陽爻在一陰爻之上，象徵山的上方（表層）有著剛健的堅石，下方則含有豐厚的濕土。此外，也可以視為坎卦（☵）陽爻從險境中脫出，用以制止凡俗雜事對我們造成困擾。隨道是人的結合，凡事必須適可而止，一旦過分就必然生出煩惱。

巽卦（☴）一陰爻在二陽爻之下，陽性向上、陰性向下，不致產生衝突，能夠各居其位、各適其所。隨道所需要的，正是這種謹守本分，能夠潛移默化、安心行道的修養，使彼此都能放心地樂於追隨。

若是能把上述特性，盡皆納入隨道之中，自然能使隨道更加安全而美善。

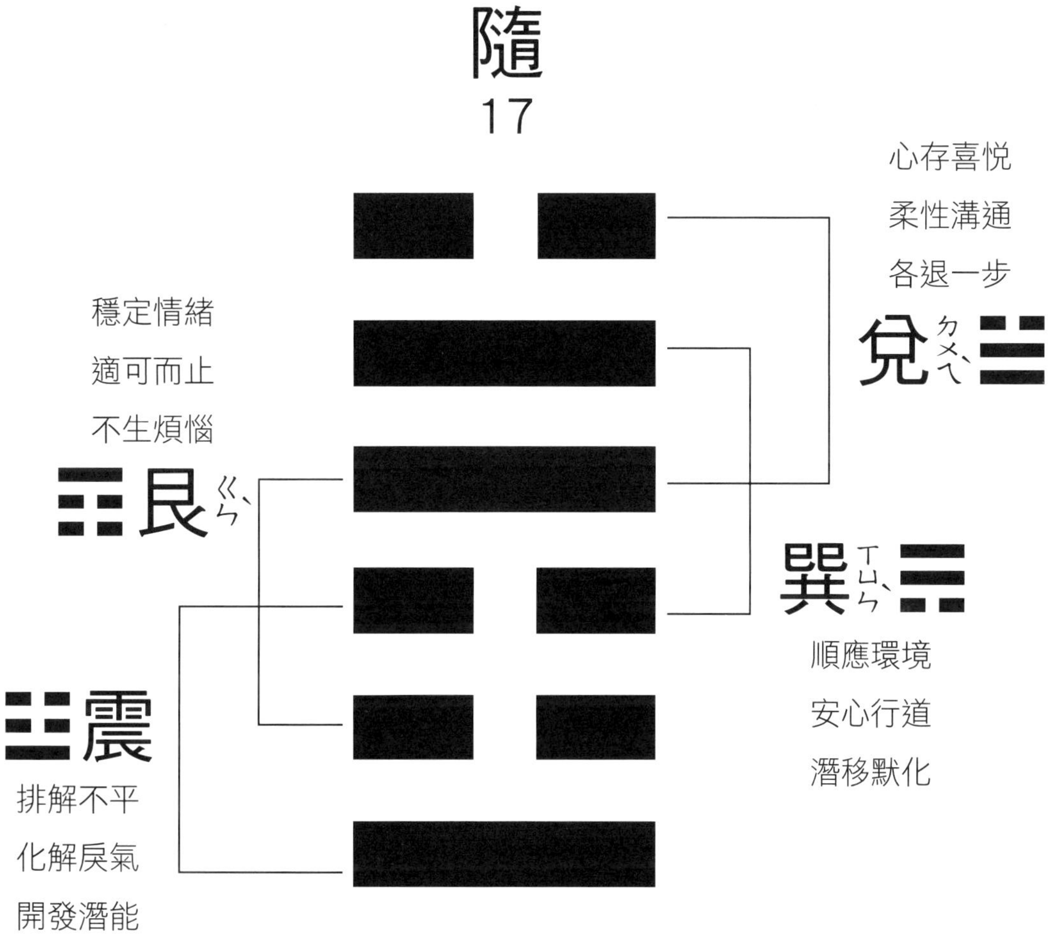
隨
17
心存喜悅
柔性溝通
各退一步
兌 ㄉㄨㄟˋ
穩定情緒
適可而止
不生煩惱
艮 ㄍㄣˋ
巽 ㄒㄩㄣˋ
順應環境
安心行道
潛移默化
震
排解不平
化解戾氣
開發潛能

六、因果關係複雜又多變化

現代怪病愈來愈多，非人可醫、非藥可治，這是什麼道理呢？原來是人若無福，就難遇到良醫；醫若無德，便難治療疾病；病情難料，當然放心不下；心中不安，必然難救其命。最好的辦法，其實是研習聖賢經典，以養心氣，恢復本性的清明，祈求天人合一。只可惜隨道不彰，人人自以為是，甚至有人主張讀經典可能會降低國際競爭力，這真是何其荒謬的想法啊！

科技發達，執法者憑藉科學儀器鑑定蛛絲馬跡，以做為斷案依據，並經常將「證據會說話」、「有幾分證據，辦幾分案」等口號掛在嘴邊。既然如此，為什麼還是代代都有冤獄，時時聽聞司法不公的呼喊呢？原因就在於：因果關係複雜又多變，有看得見的部分，就有看不見的部分。即使可以提出證據，卻難保沒有造假的可能性。依據「被安排好」的證據辦案，怎麼能夠令人心服口服呢？修道本以「無我」為基礎，行道必以「利人」為要務，現代人卻誤以為「只要我喜歡，有什麼不可以？」因而「只要有錢賺，憑什麼不賺？」唯利是圖，一切向錢看。隨道早已變質，但憑利害關係，毫無道義可言。而且還以「時代變了，沒辦法」做為藉口，為自己種下了無可救藥的因，還能盼望結出什麼善果呢？「患多生於欲，禍多生於貪，而罪多生於不仁」，這些不易的因果關係，科學儀器難以驗證，卻是實存的定律。前賢告訴我們：「只要用心反省，反樸歸真，自然能夠無憂無慮，百病不侵。」可惜這樣的說法，現代醫師仍不敢採信。所以，我們一方面發展科技，一方面還是要從經典中汲取聖賢的智慧，使自己有所領悟，對因果關係瞭然於心，以期獲得良性的化解，早日達到天人合一的境界。

返樸歸真，百病不侵
逢苦即喜，無憂無慮
盡力而為，不計成敗
正大光明，即能祛邪

研讀經典（種善因）→ 和諧互助（得善果）

患多生於欲，少欲即少患
禍多生於貪，不貪便無禍
罪多生於不仁，仁心自多福
追隨先聖先賢，自然心安自在

聖賢的道理不會有錯，只可惜我們經常做不好

1 六十四卦之中，既相綜又互錯的卦很少，只有泰（䷊）、否（䷋）；隨（䷐）、蠱（䷑）；漸（䷴）、歸妹（䷵）；以及既濟（䷾）、未濟（䷿）四組。上、下經僅各有兩組，實不多見。

2 隨蠱相綜，表示隨順與惑亂其實是一體兩面。隨道貞正，惑亂必然獲得整治；蠱道失正，樂於追隨終將樂極生悲。能把這兩卦合而觀之，思考出其共通的道理，對學習《易經》者而言顯得相當重要。

3 隨蠱互錯，象徵隨道與惑亂互相對待。兩卦都是三陰三陽，原本可以調和，卻由於爻位不同，產生了不一樣的效果。隨卦下剛上柔，有如長男追求少女，必須善盡責任，以求慎始善終；蠱卦下柔上剛，有如少男追求長女，或長女迷惑少男，通常比較容易產生惑亂，至少令人不安。

4 「自作自受」是人生不易的因果法則，自古以來，「多行不義必自斃」已經成為大家心知肚明的事實。在實施法治的地方，人們反而認為法律的審判，比天道更為客觀公正，倘若因此認定「合法即能心安」，那麼後果必然是「社會失序，人而不仁」了！

5 隨道是可愛的，卻也是十分危險的！隨錯對象，害己害人。應該隨而不隨，既失人又失時。蠱道緊跟在後，具有警惕作用，啟示我們：隨得正，不生惑亂，才是隨道精神的合理發揚。

6 既然隨蠱互為因果，關係又至為密切，我們就必須把蠱卦（䷑）也做一番深入探討，然後才能真正合起來想，明白其中的變化與奧妙。

《第八章》

蠱卦

為什麼上剛下柔？

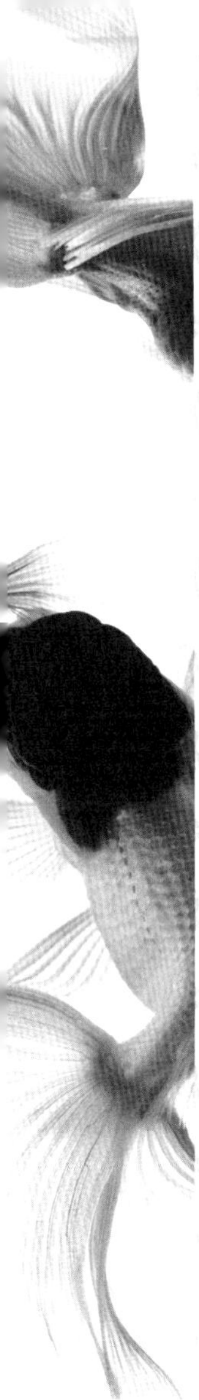

蠱ㄍㄨˇ卦（䷑）的卦象是下巽ㄒㄩㄣˋ上艮ㄍㄣˋ，
巽ㄒㄩㄣˋ風陰柔而艮ㄍㄣˋ山陽剛，所以上剛而下柔。

上下卦的爻，畫的都是上剛下柔的象，
剛爻據於柔爻之上，似乎動彈不得。

好比器皿置之不用，不免久而損壞，
必須及時改正、修理、整治，將敗壞之象去除。

下巽ㄒㄩㄣˋ為風，上艮ㄍㄣˋ為山；山下有風，草木凌亂。
大眾風氣敗壞，惟賴上級領導用心整飭。

世事敗壞，總有整治的方法，不可輕言放棄。
主持整治的領導者，不宜操之過急而有悔。

爻辭除三、四這兩爻之外，其餘四爻皆吉，
表示只要秉持蠱ㄍㄨˇ道而行，可收宏效。

一、初六幹父之蠱動機純正

蠱卦（䷑）卦辭：「蠱，元亨，利涉大川；先甲三日，後甲三日。」

「蠱」是卦名，意思是敗壞、紊亂、生病，必須設法加以治理。既然知道革除積弊的必要性，自然就會得到大亨通，所以說「元亨」。「涉大川」譬喻克服重重困難，對治理惑亂來說，當然十分有利。治理亂世，需要創制某些新的命令，稱為「甲」。「先甲」為發佈新令之前，「後甲」指發佈新令之後，「三日」不一定限定為三天，含有多日或多階逐層通告、示知的用意。發佈前多花一些時日深入研究，發佈後也多花一些時間和心力研究整飭的措施，所以說「先甲三日，後甲三日」——事前事後都充分準備和溝通，對治理措施的推動十分有利。

初六爻辭：「幹父之蠱，有子，考无咎，厲終吉。」小象說：「幹父之蠱，意承考也。」「幹」是改正、整飭之意。蠱卦（䷑）下巽上艮，初六若變為初九，即成下乾，有父之象，在這裡指的是精神方面的敗壞，稱為「幹父之蠱」。「子」譬喻新人，象徵初六為蠱卦的初始，通常新人比較容易發現舊有的流弊，好比兒子更加瞭解父親的不足之處。「考」指父親亡故，表示父親健在之時，兒子不能有所更改，必待父親過世之後，才方便做出變革。能有這樣思慮周詳的兒子，對父親而言也就无咎了。「厲」即凶險，初六柔居剛位，剛柔並濟，但與六四並不相應，象徵初六獨力擔負艱鉅的任務。由於兒子的用意，不在揭亡父的弊端，而在表示繼承父志的心願，所以終能獲得吉祥。「承」為繼承，「承考」便是發揚亡父的意志。由於變革動機純正，不違孝道，所以能夠終吉。

蠱ㄍㄨˇ 18 ䷑

初六，幹父之蠱ㄍㄨˇ，有子，考无咎，厲終吉。

初六若變為初九，即成下乾，有父之象，而「父之蠱ㄍㄨˇ」指精神方面的敗壞。兒子通常比較瞭解父親的不足，若能等到父親往生之後才有所興革，表示兒子思慮周詳，充分顧慮到父親的立場和面子。初六柔居剛位，象徵剛柔並濟；與六四不相應，表示必須獨立擔當艱鉅的治惑任務。由於兒子的用意，並不在於揭發亡父的弊端，而是要發揚亡父的遺志，所以並不違背孝道。雖然可能有凶險，終將獲得吉祥。蠱ㄍㄨˇ卦初爻變為大畜卦，表示必須顧全大局。

只要整治惑亂的動機純正，就能獲得吉祥。

二、九二幹母之蠱剛柔適中

蠱卦（䷑）彖辭：「蠱，剛上而柔下，巽而止，蠱。蠱，元亨而天下治也。利涉大川，往有事也，先甲三日，後甲三日，終則有始，天行也。」蠱卦巽下艮上，艮為陽卦屬剛，巽為陰卦屬柔，所以說「剛上而柔下」。艮象徵止，蠱的卦象為「巽而止」，風遭受山的阻擋，通風不良，物品因此容易腐敗、生蟲。蠱卦巽而止，象徵馴順而能抑止，惑亂可以匡除，所以大得亨通，天下重獲治理。卦辭所說「利涉大川」，指的是將前往而有所作為。「先甲三日，後甲三日」，則是任何事情終結後，必定會有新的開始，這也是天道的規律。

九二爻辭：「幹母之蠱，不可貞。」小象說：「幹母之蠱，得中道也。」

九二以陽剛處陰位，象徵剛而能柔。初六「幹父之蠱」代表精神方面的敗壞，九二與六五相應，六五陰位在上，所以稱為「母」。「幹母之蠱」即治理物質方面的積弊，相較於「幹父之蠱」顯得更為困難。因為在精神方面，只要堅定意志、決心治理，通常比較容易見效。然而，在物質方面的不良習慣，若想強行改變，或是直言相勸，大概都很難奏效，必須婉轉勸導，不能一味剛直用事，所以爻辭說「不可貞」。「貞」為固執、堅持，非要改變不可，容易引起反感，造成反效果，最好能夠循循善誘，採取順勢而為的方法。我們也可以把「幹父之蠱」當做國事，「幹母之蠱」看成家事，分別以不同的方式來治理惑亂。家事比國事更難處理，必須剛柔適中，所以說「得中道也」。「不可貞」的意思，也可以看做守持貞正以等待合適的時機，以免操之過急，反而造成不必要的障礙，徒增匡正積弊的困難度。

蠱ㄍㄨˇ 18

九二，幹母之蠱ㄍㄨˇ，不可貞。

「幹母之蠱ㄍㄨˇ」指治理物質方面的弊害，比「幹父之蠱ㄍㄨˇ」更加困難。九二以陽剛居陰位，和初六相同，能剛柔並濟；與六五相應，六五陰柔在上，因此稱為「幹母」。我們也可以把「幹父之蠱ㄍㄨˇ」看成國事，而「幹母之蠱ㄍㄨˇ」則代表家事。由於家事比國事更不容易整治，因此必須剛柔適中，不可堅貞固執，以免過猛、過急，反而不利於改革的推動。九二爻變，即成為艮ㄍㄣˋ卦，象徵可行則行，不可行就要暫時停止。

剛柔適中，還要求其合理，不可過猛、過急。

三。九三小有悔終能无大咎

蠱卦（䷑）大象說：「山下有風，蠱：君子以振民育德。」蠱卦的卦象是下巽上艮，艮義為止，巽義為順，下卑順而上苟止，成為靜止不動的景象。風要流通，空氣更新，才能保持物的鮮活。一旦空氣不流通，物生蠱而腐敗，是避免不了的結果。大象不說「風為山所阻」，反而說「山下有風」，用意在於提醒大家，凡事應該往好處想。即使生蠱腐敗，只要加以合適的治理，仍是可以復元的。君子因此覺悟：必須有所作為，匡除惑亂，以振濟百姓，培育道德，使紊亂獲得整治。

九三爻辭：「幹父之蠱，小有悔，无大咎。」小象說：「幹父之蠱，終无咎也。」九三當位，與上九不相應，又是下巽的終位，很容易由於陽剛直行而無上應，所以過分急切而稍有悔憾。但只要盡心竭力，精誠所至，終能獲得无咎。

初六和九三同樣是「幹父之蠱」，為什麼初六「厲終吉」，而九三「終无咎」呢？這是因為初六雖不當位，卻能上承九二、九三兩陽，以陰承陽，有「意承考也」的誠意，比較會採取揚善隱惡的方式，盡量發揚善的部分，而捨棄惡的一面。「考」的意思，是大家對於惡的精神部分，都已經有所警覺，就好比昨日死一般，比較容易加以去除。而九三當位，表示處得其正，但是居於下巽極位，有偏剛的傾象，與上九不能相應，並沒有「承父志」的象徵，當然有違為子之道。還好巽義為順，九三雖然偏剛，仍然剛而能順，所以小有悔而无大咎。一旦九三的誠意為眾人所了解，便能因此獲得諒解，而終无咎也。九三上有六四、六五姊妹的協助，終能完成「幹父之蠱」的工作，應該可以无咎。

蠱ㄍㄨˇ 18

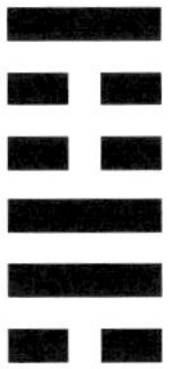

九三，幹父之蠱ㄍㄨˇ，小有悔，无大咎。

九三當位，卻與上九不相應，又是下巽ㄒㄩㄣˋ的終位，很容易由於陽剛直行無上應，以致過分急切而稍有悔恨。幸好精誠所至，終得无咎。爻變成為蒙卦，表示大家一旦看清楚九三的誠意，即能諒解而得以无咎。初六與九三同樣是「幹父之蠱ㄍㄨˇ」，為什麼初六「終吉」而九三「无大咎」呢？因為初六是繼承父志，大家都看得明白；而九三是父親尚在即「幹其蠱ㄍㄨˇ」，有傷父子感情，必須獲得眾人諒解後，才能无大咎。

即使不得已而傷害感情，也終能无大咎。

四・六四裕父之蠱必无所穫

蠱卦（䷑）九三變爻即成蒙卦（䷃），九二、六三、六四為震（☳），代表長男，下卦坎（☵）為中男，上卦艮（☶）為少男，於是長男、中男、少男齊心協力，共同「幹父之蠱」，治理亡父敗壞的事業。蠱卦（䷑）九二之母不稱「妣」，與初六之父稱「考」相對照，顯示出精神方面的弊端，比較容易譬如昨日死，要改便能改。而「幹母之蠱」不稱「妣」，表示母親健在，象徵物質方面的惡習，想要急速改變反而十分困難，往往一改再改，仍是惡習難除。「不可貞」的警語，便是剛柔適中，不可過分堅持，以免過於剛硬而傷及親情。九二居下巽中位，象徵得幹蠱中道，應該能夠掌握合理的度，沒有危厲。

六四爻辭：「裕父之蠱，往見吝。」小象說：「裕父之蠱，往未得也。」

「裕」即寬減，「裕父之蠱」的意思，是慢慢降低亡父的惑亂。六四當位，以柔居陰，象徵明白自己才能不足，便不冒充有才，寧願放慢腳步，也不敢急速求變革。在這種情況下，非逼迫六四快速改革，必然有所失誤，所以說「往見吝」。但是如此緩慢，長此以往，也必然有所憾惜，同樣是「往見吝」。六四與初六同為陰柔之質，彼此並不相應，即使六四急於有所往，結果也是空忙一場。精神方面的惑亂，必須積極加以清除，然而，初六「厲終吉」，九三「无大咎」，只有六四「往未得」，可見同樣是「幹父之蠱」，卻由於處境不同、採取的方式不一樣，效果也就大不相同。「幹母之蠱」，在蠱卦各爻之中，只有九二的「不可貞」，因勢利導，才能夠見效。可見，精神和物質方面的改變有所不同，這是治理亂世時必須謹守的原則。

蠱ㄍㄨˇ 18 ䷑

六四，裕父之蠱ㄍㄨˇ，往見吝。

六四當位，以柔居陰，象徵明白自己才能不足，便不冒充有才，寧願放慢腳步，也不敢急速求變革。倘若非要快速改革不可，必然就會有所失誤，所以說「往見吝」。爻變為鼎卦，表示穩住眾人的心，不急於有所往，才能免於口舌之辯。「裕父」指時間較為寬裕，不像「幹父」那樣積極。然而若是長此以往，又可能會「見吝」，緩不濟急，同樣也是不可行。

緩不濟急，拖延太久必无所穫。

五、六五幹父之蠱以德承志

蠱卦（䷑）的用意在治理惑亂，而不是標榜新政。如果想要革故開新，那走革卦（䷰）的路就好了。「天下無不是的父母」，這句話的意思是：天下的父母，既然都是人，就必然會犯錯。只是身為子女，不可以明說，這才合乎孔子「子為父隱」的原則。《論語・里仁篇》記載孔子的話：「三年無改於父之道，可謂孝矣！」這裡的「無改」並非不改，而是要改。「三年」並不一定是三年，而是指選擇適當的時期來改。孔子的話，與卦辭的「元亨」對應，是說明「改得合理而又適時，才能大獲亨通」。六五是蠱卦（䷑）的卦主，當然表現得十分良好。六五爻辭：「幹父之蠱，用譽。」小象說：「幹父用譽，承以德也。」「德」即美好的德行，用美好的德行來繼承父志，即使對於父親的所作所為有所修正，也能獲得大家的稱譽。按照《易經》通例，應該是「二多譽，五多功」，現在六五不稱「功」而稱「譽」，有三種可能：一是六五的美德使大家心悅誠服，再怎麼改變，也不致引起懷疑。二是六五與九二相應，由信任九二的「幹母之蠱」能得其中道，獲得知人善任的美譽，大家更為樂觀其成，而最要緊的，應該是六五以柔居剛位，又是上艮的中爻，打著父親的旗號，堅持繼承父志，自始至終，完全沒有自立門戶，表示自己比父輩更高明的意思。也正因為如此，使父執輩和親朋好友們都能安心地加以稱譽，放心地給予支持。「承以德」的關鍵，實際上就在於內心是否誠敬亡父？有了上述三種良好表現，六五的「幹父之蠱」，可以說是一種美譽，值得治理亂世的領導者多多體會，並善加運用，以期能夠「元亨而利涉大川」。

蠱ㄍㄨˇ 18 ䷑

六五，幹父之蠱ㄍㄨˇ，用譽。

六五以柔居剛位，在整治惑亂的年代，正好能夠剛柔並濟。下與九二相應，表示信任九二的「幹母之蠱ㄍㄨˇ」，能行中道而獲得知人善任的美譽。加上六五位居上艮ㄍㄣˋ中位，能堅持繼承父志，自始至終，都打著父親的旗號，完全沒有自立門戶。這樣的表現，使父執輩和親朋好友們，都能安心地加以稱譽。六五爻變，即成為巽ㄒㄩㄣˋ卦，象徵治理亂世可以更為順利。

立志揚名以補救先人的缺失，值得稱譽。

六、上九不事王侯高尚其事

蠱卦（䷑）各爻爻辭，初至五爻，都出現「蠱」字，只有上九這一爻，用「事」而不用「蠱」，表示蠱到五爻已經除盡，上九處於治理惑亂之外，所以上九爻辭：「不事王侯，高尚其事。」小象說：「不事王侯，志可則也。」六五為王，九三為侯，上九與九三不相應，也和九二、六五不相牽涉。「不事王侯」，表示亂世已治，可以功成身退了。上九以陽剛處陰柔的位置，正是置身事外的象徵。「高尚其事」的「事」，為名詞，表示「當用則用、當退便退」，是一種高尚的行為。現代施行任期制，實際上就是上九這一爻的具體實踐。而「不事王侯」的「事」為動詞，是從事的意思。不從事王侯的職務，當然也就不必治蠱了。上九爻變，即成升卦（䷭），上坤錯卦為乾，為君王，也可以解釋為賢明的君王，把以前所遺留下來的惑亂整治殆盡之後，應該心中有數：自己的所作所為，難免也有一些惑亂。有些事明明是正確的，卻由於時勢的變遷，也可能變成不正確。此時功成身退，讓繼任者能夠及時加以治理。這樣的心志，可以做為從事公務者的準則，所以說「志可則也」。任期屆滿，便交由接班人持續治蠱，不必像自己當年那樣辛苦，一定要等到父親過世，也就是事態相當嚴重時，才能動手加以治理。另一方面，自己又可以修身化俗、立言垂世，過著比較輕鬆自在的生活，對大家都有好處，何樂而不為呢？尤其是真正展現出淡泊名利、高潔自守的風範，更是值得世人尊敬。上九位居上艮的極爻，艮為山，山中必有泉源。有山有水，正是仁智兼修的最佳景象。

蠱ㄍㄨˇ
18

上九，不事王侯，高尚其事。

上九不當位，與九三不相應，也和九二、六五不相牽涉，一派置身事外的模樣。由於不從事王侯的職務，所以不必治蠱ㄍㄨˇ，似乎已經是功成身退了。上九位居上艮ㄍㄣˋ的極位，艮ㄍㄣˋ為山，山中必有泉，有山有水，正是仁智兼修的最佳景象，所以能夠高尚其事，淡泊名利，高潔自守。爻變成為升卦，表示上九功成身退的作風，可以提升自己的素養，這種志向值得大家效法。

功成身退，對大家都有好處，何樂而不為！

我們的建議

1 蠱卦（䷑）的用意，在於揭開敗壞的真相，使大家知道惑亂根源和整治的方法。務求能夠匡正蠱害，由亂轉治。山下有風，即為匡除惑亂的象徵。終則有始，充滿了無窮的希望。

2 胡亂追隨、盲目吹捧，經常都是受到蠱惑所致。《說文解字》指出：「蠱，腹中蟲也。」蠱字象徵器皿上的食物，因為不通風而腐壞生蟲。不明辨隨的對象，也不遵循隨道而行，一旦日久生蟲，就難逃惑亂的惡果。

3 蠱卦六爻，初六、九二、六五、上九並不當位，反而爻辭皆吉。九三、六四當位，但九三「小有悔」而六四「往見吝」，證明了原則上當位為吉，但也可能因為無應而不吉。凡事有例行便有例外，可見因果關係並非固定不變，而是活的、可變的。

4 「先甲三日，後甲三日」，主要用意在提醒我們：前因後果是不能割裂的。有前因必有後果，有後果必有前因。要看清事物的真相，就必須把前因後果搞清楚，才不致判斷錯誤。

5 隨、蠱的因果關係，當然也不是固定的。倘若凡隨必蠱，那麼我們又何必要隨呢？隨而不蠱，才是明智之舉。然而，要能用心預防，而且步步為營，一般人畢竟很不容易做到。

6 因果關係，當然可以設法逃脫壞的一面，趨於好的那一面，否則研讀《易經》又有何用？我們可以就隨、蠱的因果關係詳加檢視，分析探究如何因應最為妥當，以期能把不良後果降至最低。

《第九章》

如何化解
隨蠱的困境？

隨蠱ㄍㄨˇ如影隨形，是自然現象，
如何化解隨蠱ㄍㄨˇ困境，則有賴於人的努力。

天道、人道、地道，合稱三才之道，
隨蠱ㄍㄨˇ的現象，在人道的禍害顯得特別大。

人是合群動物，應該要重視隨道，
但隨而不蠱ㄍㄨˇ，則需要高度智慧才能達成。

最好能把臨、觀兩卦也合起來看，
連帶將謙、豫兩卦一併考慮在內。

明白事有本末、物有終始的道理，
更有助於化解隨蠱ㄍㄨˇ的困惑而得以无咎。

因果關係錯綜複雜，而且常有變化，
我們無法擺脫，必須特別加以重視。

一、人群社會必然需要隨道

天道、人道、地道，合為三才之道。中華文化的特質，在於重視人道。我們將天道、地道，都落實在人道上面，當做為人處事的寶典，使人類得以成為真正的「萬物之靈」。

人為萬物之靈，主要在提示我們：人類和其他動物最大的不同，即在於這一個「靈」字。反應靈敏、消息靈通、腦筋靈光、預言靈驗、動作靈巧、做事靈活，不但時常有靈感，死後還能有靈位。我們把最重要的人，尊稱為「靈魂人物」。真正懂得看人的，首先是看一個人的靈氣。畫中具有靈氣的，是畫家的作品；沒有靈氣，就算畫得再好，也不過是個畫匠。畫法、文章，倘若缺乏靈氣，就不可能傳世。立功、立德、立言三不朽，所憑藉的，也就是那麼一點靈氣貫串其中，真靈！

人是群居的動物，必須分工合作，才有生存發展的可能。〈雜卦傳〉說：「隨，無故也。」捨己隨人，隨得貞正，不刻意表現自我，便可以減少意外的變故。這個「故」字，成為隨道的要旨。故土、故鄉、故人、故事、故宮、故居，舊的要比新的好，因為日久見人心，月是故鄉明。故步自封是不求進取，故態復萌令人厭惡，故弄玄虛會讓大家看不清楚事情的真相，而明知故犯，就隨道而言，更是故意製造問題的麻煩製造者。隨卦彖傳說：「大亨貞，无咎，而天下隨時。」隨的大亨通，只限於貞正。必須隨得其正，才能夠大亨而无咎。天地萬物，都隨順於適宜的時機，也就是隨時而行，表現為「時行則行，時止則止」。隨時擇善而從，堅持以正相隨，隨得誠信合理，這些都是人群安和的重要條件。

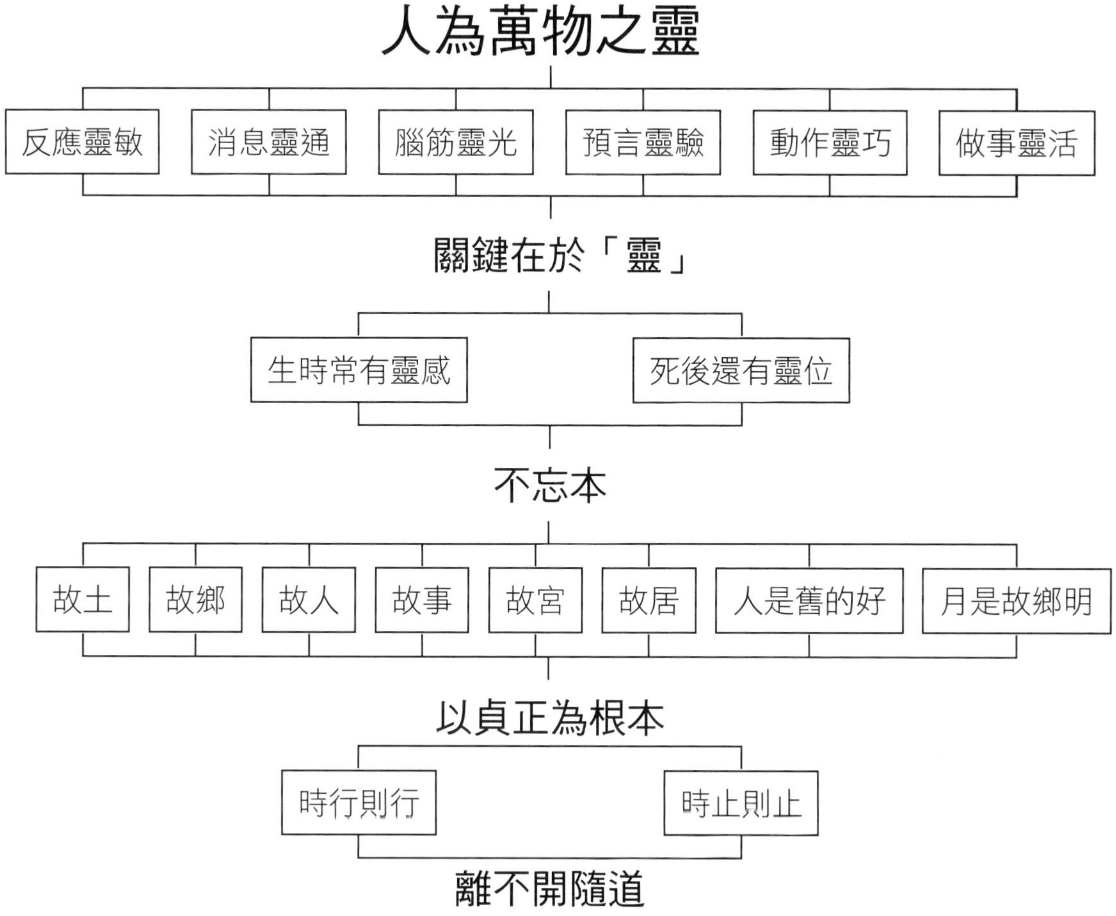
人為萬物之靈
反應靈敏
消息靈通
腦筋靈光
預言靈驗
動作靈巧
做事靈活
關鍵在於「靈」
生時常有靈感
死後還有靈位
不忘本
故土
故鄉
故人
故事
故宮
故居
人是舊的好
月是故鄉明
以貞正為根本
時行則行
時止則止
離不開隨道

二、隨而不蠱需要高度智慧

依據「一陰一陽之謂道」，既有可能隨得正，便有可能隨得不正。隨得其人，很可能變成隨錯了人。在六十四卦之中，卦辭「元亨利貞」四德俱全的，總共只有七個：乾（䷀）、坤（䷁）、屯（䷂）、隨（䷐）、臨（䷒）、无妄（䷘）以及革卦（䷰）。「元亨利貞」是大自然的最高法則，一切事物的發展演變，都接受它的規範。〈繫辭・下傳〉所說：「以通神明之德」，指的便是這四種用以貫通天地神妙光明的德性。隨卦的卦辭，特別在「元亨利貞」之後，加上「无咎」，用意在提醒我們：倘若不能做到「元亨利貞」，就仍然可能「有咎」。在卦序的安排上，蠱卦緊跟於隨卦之後，更是用心良苦，警示大家務必做到「隨而不蠱」。

可惜忠言逆耳，口蜜腹劍的人也很多，往往虛情假意，導致很多人胡亂地隨順。現代人倡導要「口說好話」，卻被誤解為「說好聽的話」。常見偶像明星為了蠱惑粉絲愛慕追隨，往往刻意製造單身假象，不論結婚生子都是保密到家。另一方面，也有部分藝人未婚生子，卻反而大肆宣傳，用以搏取新聞版面，對社會大眾做出最壞的示範……種種隨道不正所衍生的惑亂，幾乎到了讓人見怪不怪的地步，想要「无咎」實在太難了！人群社會不得不隨，但隨的後果又十分令人擔憂。其實《易經》早已指出：隨道的「无咎」是有條件的，並且十分嚴苛，非「元亨利貞」不可，否則身受其害，甚至於家破人亡，怎麼能夠「无咎」呢？若是能把隨蠱兩卦合在一起想，不要分開來看，應該就能領悟其中的因果關係。而要設法加以化解，使「隨而蠱」變成「隨而不蠱」，更是需要高度的智慧。

卦辭：元亨利貞

- 乾 1 ䷀ 元、亨、利、貞。——無條件，所生在元。
- 坤 2 ䷁ 元、亨，利牝（ㄆㄧㄣˋ）馬之貞。——有條件，所主在貞。
- 屯（ㄓㄨㄣ）3 ䷂ 元、亨、利、貞，勿用有攸往，利建侯。
- 隨 17 ䷐ 元、亨、利、貞，无咎。
- 臨 19 ䷒ 元、亨、利、貞，至于八月有凶。
- 无妄 25 ䷘ 元、亨、利、貞，其匪正有眚（ㄕㄥˇ），不利有攸往。
- 革 49 ䷰ 巳日乃孚，元、亨、利、貞，悔亡。

（屯、隨、臨、无妄、革）——都是一陽居下，表示一陽方動，漸當亨通，未有不利，必須貞固。

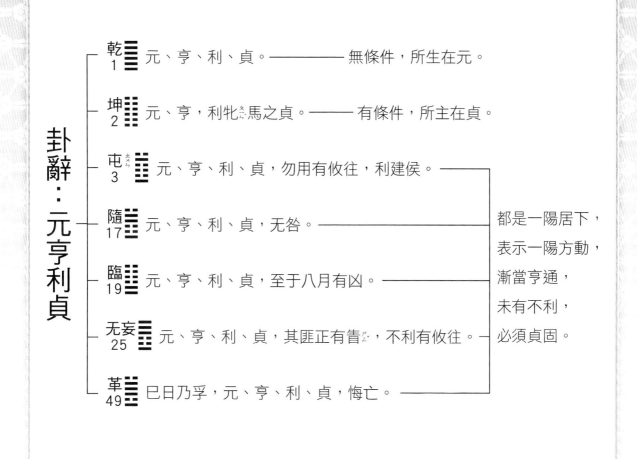

三、把臨觀兩卦也合起來看

上天有好生之德，常常給人留下餘地。天無絕人之路，端視人類能不能自覺自悟？各卦彖辭，乃通觀其卦象、卦德，以闡述卦名、卦辭的真義，對於爻位，更有深刻的分析。隨卦（䷐）和臨卦（䷒），是人事方面最為重要的兩卦，卦辭都有元亨利貞四德，分別加上「无咎」和「至于八月有凶」的警語。蠱（ㄍㄨˇ）卦（䷑）敗壞至極，為什麼卦辭中仍有「元亨」字樣？這是用來提醒我們，還是有更新的可能，與屯（ㄓㄨㄣ）卦（䷂）、革卦（䷰）具有相近的功效。我們可以把隨、蠱（ㄍㄨˇ）、臨、觀這四卦連接在一起，悟出及時由隨蠱（ㄍㄨˇ）的因果中解脫，轉為臨觀的關係，以避免由隨而蠱（ㄍㄨˇ）的危機。在眾人樂於追隨之際，懂得「臨事而懼」，適時深入群眾、瞭解民情，以便能夠即時化解問題，不使事態擴大。同時，也要多方禮聘賢才，共同避免蠱（ㄍㄨˇ）亂。以冷靜、客觀的心，來觀察世事。倘若發現有所缺失，便要立即加以改善，使眾人看到這種誠意的表現，因而樂於信服、隨順，上下同心，共同避免蠱（ㄍㄨˇ）害。然後再向前推，把謙（䷎）豫（䷏）兩卦也同時納入，一併考慮。從中，即可發現《易經》要旨「初難終易」，這點十分重要。乾卦初九「潛龍」，可預先避免上九「亢龍」的不善；坤卦初六「履霜」，也在避免上六的「龍戰」。「初難知而上易知」，實際上就是「事有終始，而物有本末」。隨的時候，不忘謙的美德，隨時保持「元亨利貞」的高度警覺，隨時、隨地，都要記取「不可為典要，唯變所適」的警語。但是「勞謙」的精神，必須君子有終，一直保持下去。謙卦還有「亨」的可能，而豫卦只能「利建侯行師」，這點最好能夠銘記在心。

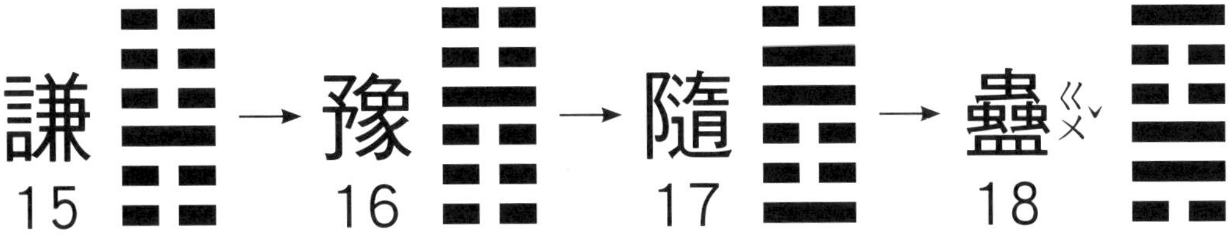

初難	終易
謙虛、謙讓、不自滿 實在很難做到	惑亂、蠱ㄍㄨˇ害、敗壞 實在很容易發生

物有本末，事有終始，知所先後，則近道矣。

	→	
自天子以至於庶人， 壹是皆以修身為本。 始終保持謙虛的美德， 才能減少蠱ㄍㄨˇ亂的發生。	→	蠱ㄍㄨˇ亂並非一朝一夕之故， 整治時務須德治兼備， 時位適當， 否則就不足以全面完成。

四、培育不受迷惑良好品德

蠱卦（䷑）大象說：「山下有風，蠱；君子以振民育德。」當惑亂待治的時候，非大力整頓不可。如何著手呢？最要緊的，莫過於振奮人心，倡導新生活。但是要振奮民心，必須領導者自己先求育德。倘若自己失德，只知責備大眾，又怎麼能夠服眾呢？君子先育己德，使天下萬民仿傚，進而各育其德，這才是治蠱的上策。正由於「幹蠱」不易，所以蠱卦六爻，有五個爻位（由初至五），都提示「幹蠱」。初六和九二，因為爻位不同，分別以「幹父之蠱」、幹母之蠱」做為譬喻。九三「幹父蠱」終能无咎，六四「裕父蠱」而无所得，只有六五「幹父蠱」大功告成，所以上九不再出現幹字，表示已經无蠱可幹。蠱亂原本是自然現象，但是要由逆轉正，卻與其它各卦有很大的不同，必須在促進健康、淨化思想以及端正行為等方面，都做到兼顧並重，才能夠承德而有譽。蠱卦（䷑）下巽上艮，巽為風而艮為止，下巽象徵在下的民眾，都能夠隨順君意；上艮表示在上的君王靜止而無所事事，不能做到「無為而無不為」的地步，似乎只能「無為」，卻不能發揮「無不為」的效果。表面上看起來國泰民安，實際上各種蠱惑已經亂象叢生，因此著手整治已是刻不容緩。卦辭特別提示「先甲三日，後甲三日」，便是為了整治惑亂，必須更新法令制度，此時再三叮嚀、廣為宣傳，實在大有必要。政府應該對民眾曉以大義，剖析利害關係，呼籲大家不要隨意接受蠱惑，才能夠保全自己，使民眾不致因為不知或不瞭解，而誤犯了新法。三令五申，無非是為了強化民眾不受蠱惑的意識。

蠱ㄍㄨˇ
18

山

上艮ㄍㄣˋ為止，表示在上位者無所事事
看似「無為」，卻不能發揮「無不為」的效果
表面上國泰民安
實際上亂象叢生

風

下巽ㄒㄩㄣˋ為風，象徵在下者隨順上意
樂得追隨而不動腦筋
盲目隨順只想不勞而獲
很容易受到誘惑而發生蠱ㄍㄨˇ亂

上下都有迷惑
都要及早覺醒
上能無為而治
下能擇善固執
共同防止惑亂
自然長治久安

人人不受迷惑，個個腦筋清楚，上下同心協力

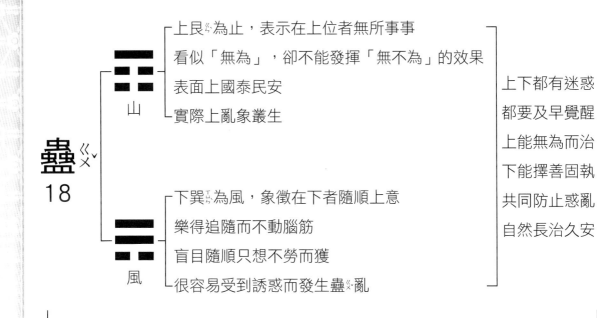

五、蠱卦的象數理分析運用

隨而不蠱，重點在於預防蠱亂。我們知道蠱卦（䷑）的綜卦和錯卦都是隨卦（䷐），也明白蠱卦的六爻變化，分別變成：大畜、艮、蒙、鼎、巽、升。而這六種變卦，實際上又各有其錯卦和綜卦，以及中爻互體的變化。蠱卦的（䷑）本身，也含有九種互體，茲分別列舉如下，提供讀者參考：

初至三為本卦的下卦：巽（䷸）
四至上為本卦的上卦：艮（䷳）
初至四互體：大過（䷛）
二至四互體：兌（䷹）
二至五互體：歸妹（䷵）
二至上互體：損（䷨）
三至五互體：震（䷲）
三至上互體：頤（䷚）

若能夠更進一步，將其它各卦爻變成為蠱卦的，都逐一加以審視，譬如：蒙（䷃）六三爻變成蠱，大畜（䷙）初九爻變成蠱，升（䷭）上六爻變成蠱，鼎（䷱）九四爻變成蠱，艮（䷳）六二爻變成蠱，巽（䷸）九五爻變成蠱，都一併考慮在內，對於蠱卦的數，大致上就可以有所掌握。然後再配合蠱卦的象——「山下有大風，造成禍患」，蠱卦的理——「要防止、消除一切惑亂，必須先找出所有亂源，逐一加以改正，才能恢復原有的地位和名譽」，針對實際情況，把象數理的連鎖作用靈活運用。如此一來，彷彿就進入臨（䷒）的狀態——由蠱卦的「振民育德」，邁入臨卦的「教思無窮，保民無疆」了。

蠱ㄍㄨˇ 18

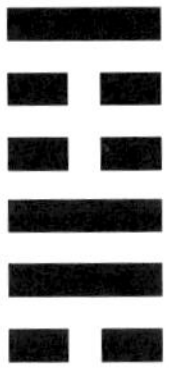

- **象**：山下有大風，造成禍患。整治的方法，在於振興民族精神，培養良好品德，彼此互助合作。
- **數**：
  - 錯卦為隨
  - 互體分析：
    - 初至三為巽ㄒㄩㄣˋ
    - 四至上為艮ㄍㄣˋ
    - 初至四為大過
    - 二至四為兌ㄉㄨㄟˋ
    - 二至五為歸妹
    - 二至上為損
    - 三至五為震
    - 三至上為頤

    一併納入考慮，將會更加周全。
  - 綜卦為隨
- **理**：防止弊害，必須改正往昔過失，恢復原有地位和名譽。

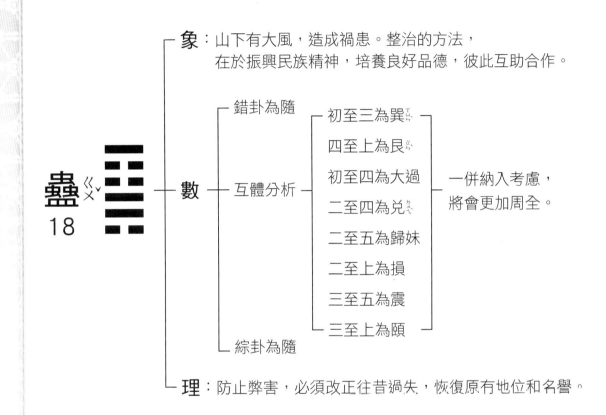

六、不重視因果很難得无咎

因果是原因和結果的簡稱，我們常說的「善有善報，惡有惡報」，則是因果報應的概括性說法。例如「潛龍勿用」是善因，可預防「亢龍有悔」的惡果，因為一開始便知止能止，最後比較容易適可而止。倘若「履霜堅冰至」的功夫沒有修養好，屆時恐怕難以避免「龍戰于野」的悲劇。凡事有因必有果，而所有的後果，也都必然有其前因。因果關係至為分明，可惜人自己看不明白。特別是當事人，往往由於當局者迷的緣故，顯得特別迷惘與困惑，不知該如何因應才好。

《易經》中所說的吉凶，並不是爻本身有吉有凶，而是占卦者的品德有良有不良，這才造成了吉凶的分別。也就是說，吉凶不在爻，而在於人的品德。然而，一般人卻輕品德而重爻辭，這樣的觀念可說是自誤誤人。

坤卦〈文言〉明白指出：「積善之家，必有餘慶；積不善之家，必有餘殃。」便是告訴我們：善德是吉的主因，而不善則為凶的伏筆。很多人耳熟能詳，卻一直不肯相信，這就叫做「迷」。不重視因果，主要原因在於不明白因果的真相。萬事萬物，都離不開因果關係。人為萬物之靈，能為善也能為惡，所以與人有關的因果關係，會因為當事人的品德修養而有所改變，這就是人類所特有的創造性和自主性。由於有很多地方，我們難以認知，所以稱之為「侷限性」。

為什麼「无咎」的境界很難達成？為什麼不容易做到沒有後遺症？原因就在於人的認知能力有限，選擇和判斷能力薄弱，常常會有一隻看不見的手在操控，使我們心生「時也，命也，運也。」的感嘆。實際上，這一隻看不見的手，對人類而言，就是我們自己的品德，所以說一切都是自作自受，怨不得天也尤不得人。

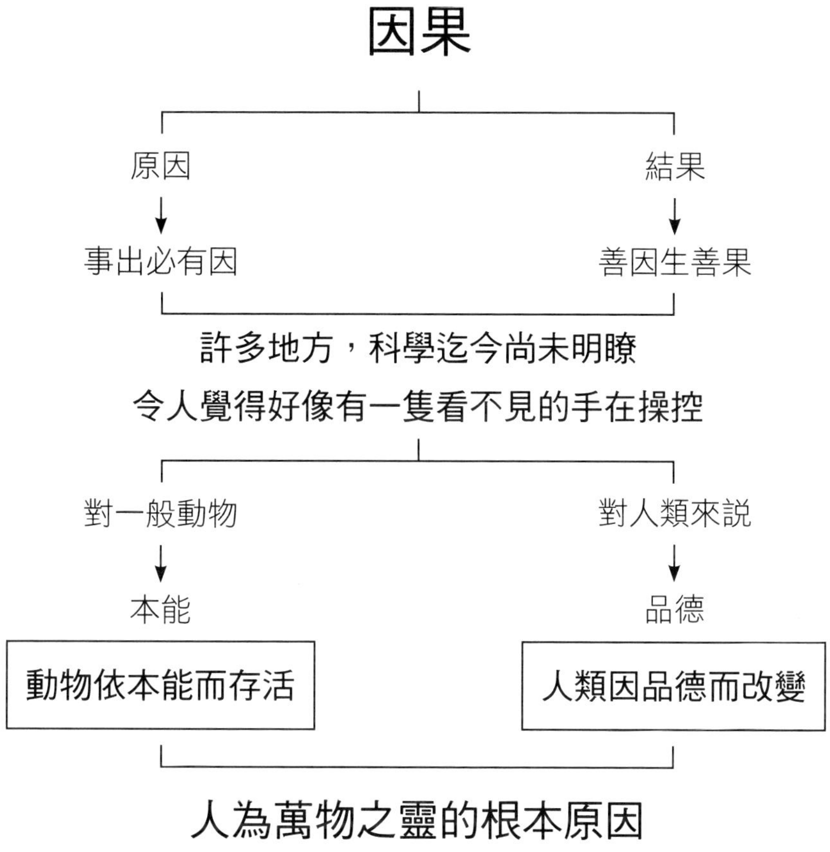
因果
原因
事出必有因
結果
善因生善果
許多地方，科學迄今尚未明瞭
令人覺得好像有一隻看不見的手在操控
對一般動物
本能
動物依本能而存活
對人類來說
品德
人類因品德而改變
人為萬物之靈的根本原因

我們的建議

1 要化解隨蠱（ㄍㄨˇ）的因果關係，使其不陷入困境，最有效的辦法就是重視教化。倘能人人不受迷惑、個個腦筋清楚、上下同心協力，隨得既樂且正，哪裡還會有什麼蠱（ㄍㄨˇ）亂呢？

2 想達到這樣的境界，首先要培養的就是謙德。自謙並使大家都謙，才是真的謙謙。現代人經常自吹自擂，還鼓勵大家要多說好聽話，彼此互相吹捧，實在是製造惑亂的主要根源。

3 豫道最好能夠順乎自然，不能以人力為主。大家在自然環境中同樂，既健康又不浪費。現代講求人為的娛樂，既危害健康又浪費資源，各種花樣不斷翻新，但求感官的刺激，窮歡極樂，難免樂極生悲、得不償失，實在可憐！

4 「豫之時義大矣哉！」、「隨時之義大矣哉！」都在提醒我們：豫道重在順時而動，才不致產生過失；而隨道慎選適宜時機，尤為重要。並不是時時刻刻都要追求快樂，任何時機都可以隨順，在這些方面的應變力，必須格外用心培育。

5 惑亂是自然的現象，不可能完全加以消除。我們不過是思患預防，盡力加以防止而已。預防永遠重於治療，能夠做好這樣的心理準備，就比較容易從惑亂中脫困。如果實在脫困不了，那就必須勇敢面對、用心整治。

6 因果是科學，只是有些部分，科學迄今尚未完全瞭解。我們若是依據「一陰一陽之謂道」的法則來加以體會，應該就能更為整全周密。下一章，我們將共同探討：因果關係對於人類社會的影響。

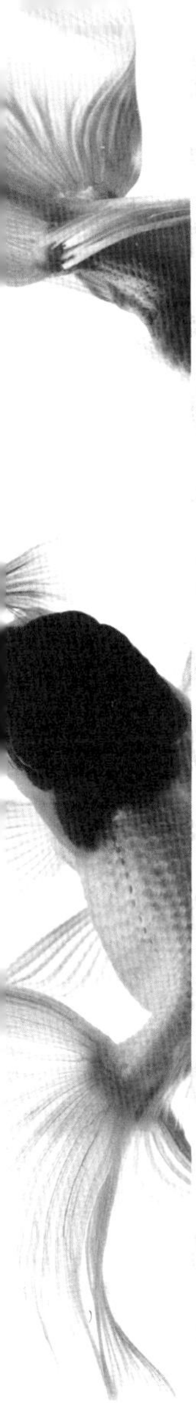

《第十章》

因果
怎能使社會安和？

「安」是人類生存發展的根本需求，
「和」為正常社會發展的良好基礎。

通往安和最有效的途徑，在於明白因果關係，
知道凡事有果必有因，必須「慎始」。

常言道：「菩薩重因，凡夫重果」，
而現代人大多只重視結果，忽略了根本原因。

沒有善因，哪裡會有美好的善果？
缺乏善緣，即使有善因也難得善果。

社會的安和，必須要從家庭教育做起，
求忠臣於孝子之門，也是符合因果關係的邏輯。

重視因果、廣結善緣，路自然就會愈走愈寬，
人人自求多福，也需要共同維持社會的和諧與安定。

一、道是占筮所依原理原則

道就是路，是每一個人所共同依循的正路。中華民族的路，便是由堯、舜、禹、湯、文、武、周公、孔子薪火相傳的大道。人是宇宙的一部分，像天上的星斗一樣，有一定的軌道可循。而這個軌道，就叫做「道」。當年周文王演易，占斷吉凶的術，所依據的原則，便是這個道。

實際上，伏羲畫卦，所根據的也是這個道。萬物變化，生生不息，無不依據道的法則。吉凶悔吝，循環往復並且周而復始。我們有太多「悔了便吉，吉了就吝，吝而後凶，凶才又悔」的經驗，似乎難以掙脫這樣的因果循環。

〈繫辭．下傳〉說：「吉凶者，貞勝者也。」或吉或凶的規律，就在於守持貞正，守正則吉，否則便凶。可見《易經》所說的吉凶，離不開正，表示道義和禍福的關係，至為密切，根本不能分離。天地的道理，說明守正運行，才能為人所觀賞、瞻仰。日月的運行，證明守持貞正，才能散發光明。因此，「天下之動，貞夫一者也。」這個「一」字，代表「常」理。天地日月，有時也會有不正常的景象，但仍以常為勝，也就是正常的機率，遠遠大過於不正常。咸卦九四爻辭：「憧憧往來，朋從爾思。」當一個人心神不定地往來徘徊，朋友終將順從這個人的思念而相互應合。孔子解釋這種感應現象，認為天下萬事萬物，會自然透過各種不同道路，而走向同一歸宿。各種各樣不同的思想，也會自然地趨向於一致。歸去的即為收縮，到來的便是伸展。收縮與伸展交相感應，各種利益好處便自然產生。道天生自然，因而也造成了中華民族能屈能伸的特性。

道（天人合一）

天道（含地道）

大自然的法則是：
陽體陰用，
陰體陽用，
相調相濟。
剛甚必折，
柔甚必屈，
剛柔調和。

人道

依賴物，離開物即不能生活。
沉迷於物，反會被萬物所害。
求上進，能良性競爭，都是情。
沒有情，人與物勢必互相毀滅。
以性為體，以情為用，用得合理。
金錢是工具，不能認錢不認人。
有錢有面子，不能要錢不要臉。

依道而行，即吉；不依道而行，便凶。
吉凶悔吝的判斷標準，全繫於一個「正」字。

二、不正常現象必有其原因

日蝕是月球在地球與太陽中間，從地球上看不到，或者只能看到部分太陽的現象。月蝕則是月球運行到地球後方，被地球的陰影所遮蔽，從地球上看不到（月亮變成暗紅色），或者只看得到部分月亮的現象。凡自然皆合乎科學，但人為的科學卻有一部分不合乎自然，由此觀之，豈非科學的遺憾？

我們所說的「不正常」，嚴格說起來也是「正常」的，只不過是機率較大的稱為「正常」，而機率較小的，只好叫做「不正常」。正常會變成不正常，稱為「反常」。不正常的終究會恢復正常，因為反到無可反的時候，自然就會走回頭路。所以不正常的現象，必有其原因。當這些原因解除時，即能恢復正常。

《易經》的吉凶悔吝，乃是生於卦的大小；六十四卦的大小，乃是生於八卦的大小。八卦分成陰卦和陽卦，是為了分辨大小的方便。震（☳）、坎（☵）、艮（☶）多陰而為陽卦，因為總共各有五畫而為奇，也可以說三爻之中，有一陽爻為卦主；巽（☴）、離（☲）、兌（☱）多陽而為陰卦，是由於總共各有四畫為偶，也可以說三爻之中，有一陰爻為卦主。只有主從（或者稱為主伴）的差異，與善惡並無關係。可見自然現象並無善惡，只有人事有善也有惡。人世間為善而遇凶，作惡卻獲得吉祥，這種機率並不大，是偶然而非必然。這種偶然，也一定有其原因。我們所能推論的時間，往往不夠長久，以致認為反常。倘若再往前推、再向後延，很可能恍然大悟，明白何以致此的因緣，屆時自然心安理得，肯定「善有善報，惡有惡報」，不過加以一句「不是不報，時辰未到」呀！

《易經》的吉凶悔吝
生於卦的大小

自然

自然只論陰陽，
並無善惡之分。
陰盛陽衰，
陽盛陰衰，
都是自然的變化。

人事

人事有善惡，可能善也可能惡，
而且善能變惡，惡也能變善。
人世間為善而遇凶，作惡卻吉，
這種機率不大，是偶然而非必然。
倘若深一層探究，
明白何以如此的原因，
仍然是：善有善報，惡有惡報。

不是不報，只是時辰未到。

三・不正常代表無奈的吶喊

社會出現任何不正常現象，我們用不著大驚小怪，也不能急於扭轉、消除。最好把它當做有些人無奈的吶喊，正在警示我們，就好像「天垂象」那樣，有一些事情，出現了重大的惑亂。這些不正常現象，就是人們求救的訊號。

有物體便有影子，只不過是有明顯的，也有看不清楚的區別。換句話說：並不是有或無，而是比重的問題，也就是程度上的差異。但是，影子有好看的，也有難看的，則是不爭的事實。關鍵在於：倘若影子並不好看，請問要如何改善？答案其實也很簡單：如果修改影子，那是本末倒置，必然徒勞無功。應該要修改物體，正本清源，才會有良好的效果。只可惜，大部分人都是在修改影子上面下功夫，卻忽略了修正本體。找了很多學者專家，對不正常現象進行調查、分析、取締、整治，結果愈改愈亂，愈整愈難看。遠不如從這些不正常現象的背後著手，尋找出為何如此的根本原因。自古以來，我們就知道天下的亂象，背後只有一個原因，那就是人心不平。常言道「不平則鳴」，一旦人心不平，就會開始吵鬧；吵鬧無效，就開始抗爭；抗爭還解決不了問題時，便開始作亂。然而，人心為什麼會不平呢？主要是彼此失去信任感。所以只要恢復誠信，大家能夠心平氣和、好好商量，相信原本不正常的現象，很快就能恢復正常。

人心不安，主要來自吉凶無常。而吉凶的無常，主要來自各人懷有利害的私心。不問道義，只問利害，即為不明因果關係的惡果。而不明因果關係，主要來自不能以「一」為常，於是產生「吉凶無常」的錯覺。一旦明白易理，自然就會知道吉凶並非無常，而是遲早會趨於一，也就是常。

不正常是一種無奈的吶喊

平就不鳴	不平則鳴
水流在平地上， 不發出聲音。 人得到好處， 悶聲不吭氣， 歡喜在心裡。 說出來引人注意， 容易種下爭奪的禍端， 對自己很不利。	水流遇到阻礙， 會發出聲音。 人受到委屈， 會忍耐一時， 但久而久之， 就會忍不住發出不平之鳴。 這是一種求救的信號， 務必加以化解。

平了自然就不鳴

四、孝道是化解亂象的根本

每當我們看到社會亂象時，總會痛心地檢討，然後很快就把責任推給教育失敗。但是，教育至少包含有家庭教育、學校教育以及社會教育三個環節，究竟是哪一個環節出了問題呢？於是，大家又一下子把焦點聚集在學校教育，造成現代既不尊敬教師，卻將嚴苛的責任推給教師的怪象。實際上，我們平心而論，主要問題應該是出在家庭教育。有些父母根本不知道如何教養子女，有些則是各忙各的，把子女的教育工作推給他人。有些父母雖然很重視教育，卻又搞錯了方向，造成「愛之適足以害之」的後果。

家庭教育是誰的責任呢？很多人想也不想，就直接回答：「當然是父母的責任。」其實，這種輕率的推論，便是不明事理的做法。我們深一層想，不難發現是社會風氣所造成的。聖賢告訴我們：「忠臣出於孝子之門」，何以現代只講求才能，卻不重視孝道呢？若能弄清楚其中的道理，就很容易想通了。只要社會重視孝道，家庭教育就會立即獲得改善，父母為了子女的前途，非把子女教導成孝敬父母不可──一下子就抓到重點，掌握住化解亂象的根本之道。

家庭教育，含有生、養、教、化四個環節，其中孝的比重，實際上和慈是一樣的。父（母）慈而子（女）孝，也是相對待的，合乎「一陰一陽之謂道」。我們只說孝道，不說慈道；只有孝經，並沒有慈經，是因為站在孝的立場來彰顯慈的重要，使父母獲得應有的尊重，絕對不是片面的要求子女，卻以「天下無不是的父母」（這句話長久以來，被嚴重地扭曲、誤解了）為藉口，輕輕放過父母。歸根究柢，唯有改善社會風氣，大家重視孝道，社會亂象才能夠順利消弭化解。

家庭教育

生	養	教	化
現代化導致：	生已不易，	生男不教，	教而不化，
男人精子變少，	養育更難。	害自己全家。	長大就造反。
女人不易受孕。	費用上漲，	生女不教，	嘮叨不得不聽，
生男育女，	時間減少。	害別人全家。	一旦有錢就使壞。
機率逐漸降低。	花樣繁多，	生而不教，	言教不如身教，
畸形怪病，	應付不及，	不如不生，	總有一天會知道，
卻愈來愈多。	養有何用？	大家同歸於盡！	可惜已經太遲了！

四者缺一不可，能否悟出孝的重要？

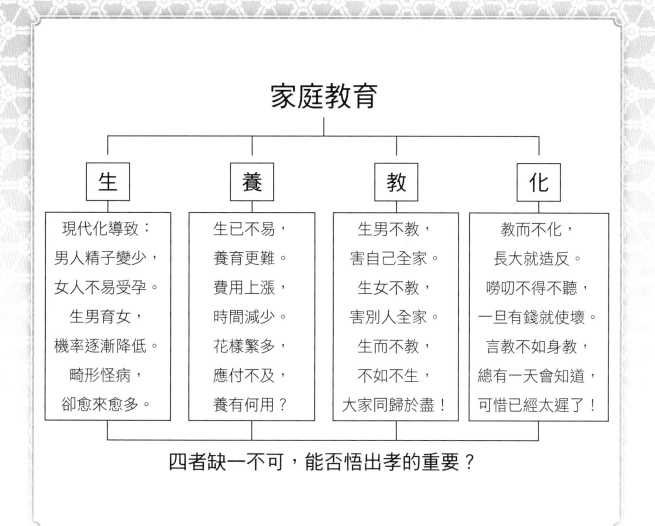

五．社會的安和從家庭做起

任何事只要認真推究起來，都是天下事。我們以家庭為社會人群的最小單位，一家之主的家長，必須負起這一家的責任。也就是透過《大學》所說：「格物、致知、誠意、正心」，來修治自己，然後做到「齊家、治國、平天下」，由自己的家族逐漸推廣到地球村。提供服務、犧牲奉獻，對社會人群做出良好貢獻。《易經》的道理，是拿來用的。背而不用，就算倒背如流，也是沒有用。用在哪裡？在日常生活裡；用了何用？促進社會和諧，使人群和合而安寧。安是人類根本要求，不安就什麼都沒有用。和是安的基礎，只要不和，利就留不住，樂也不會長久，安更是沒有希望。我們常說「安和樂利」，這是具有層次性的，必須由下向上，逐層推展才有效。利是必要的條件，元亨利貞告訴我們一定要謀求正利。利正不正？端視大家樂不樂？如果只有少數人樂，就必須擴大為眾人皆樂。因為只有少數人樂，遲早會不和。不能和的樂，當然就無法持久。至於該如何判斷和不和？那就要看安不安。安表示和，而不安就是不和的結果。安和樂利，以正利為基礎，才能逐步開展安和的善果。利為因，樂為果；樂為因，和為果；和為因，安則為果。這種因果關係，不是從個人做起，而是家和萬事興，必須以家庭為單位，以孝道為核心價值，拿安和做為最高目標，逐漸開展，才是正確的作法。

凡是自我意識高漲，自信心過強，或是以個人為主、不關心他人的作法，對社會安和都會造成很大的阻礙。偏偏現代社會卻以此為先進，強調個人主義，想要高人一等，實在令人擔憂！

具有層次性

- **安**
  - 安不安？是檢驗和不和的標準。
  - 安表示和，可以持久樂，所獲的利為正。
  - 不安就不和，樂不持久，利也可能不正。
- **和**
  - 和不和？是檢驗樂的標準。
  - 和表示樂的正當性和持久性。
  - 不和，必然樂得不正當，當然不持久。
- **樂**
  - 樂不樂？是利的檢驗標準。
  - 樂表示利來得正，眾人都樂。
  - 不樂，利很有問題，很可能少數人樂，而眾人不樂。
- **利**
  - 利有正利、邪利、暴利，也有長利、短利。
  - 正不正是利的檢驗標準。
  - 不正必凶，正利才能帶來吉祥。

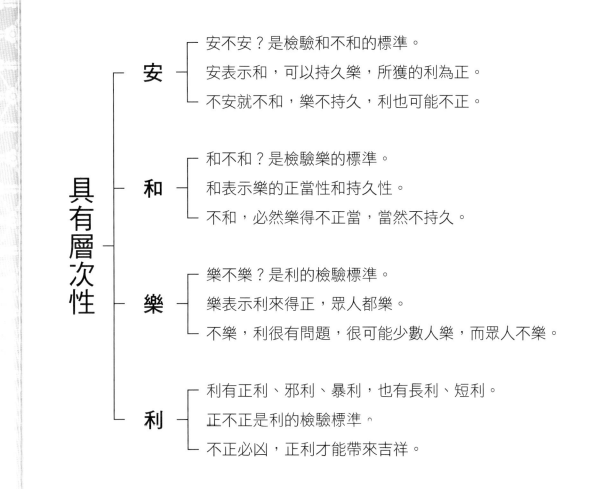

六・善因需要善緣才得善果

因可以是誘因，引誘我們上進的因素，那就是利。有利可圖，當然就會更為積極。這些說法，原本合乎人之常情，不幸由於大家對於「正」的誤解，以為「正」就是四四方方、不偏不倚、規規矩矩，甚至於死死板板，不料物極必反，產生了「不正」的後果。往昔為了應付考試，不得不等因奉此，終生不敢明言。現代人連這種修養都沒有，有話直說而又有話實說，當然不正。對於因果關係，也有所疑惑而不敢置信，或者心中相信而不方便說出來，實在彆扭。

實際上，因果之外還有緣在。緣和因分不開，稱為緣由，包括自然而得的機遇，即為緣分；事情的由來或起因，便是緣起；彼此互通的關係，稱為緣故。善因缺乏善緣，往往拖延很久，還得不到善果；善因倘若遇到惡緣，可能沒有善果，還會產生惡果。因果為什麼不是直線的？便是受到緣的牽引而有所變化。現代社會由於能動不能靜，呈現出一種「一條路走到底」的直線觀念。

先進國家有好的機緣，能夠先挑先吃，那些不喜歡的、吃不動的，才會丟給開發中國家。而社會發展也是如此，導致富者愈富、貧者愈貧，形成M型化社會的局面。這原本應是全體人類最大的不幸和恥辱，卻被認為是無可奈何的情況。殊不知，這種人為的不平，最後必然引發動亂，使得社會治安、人群和諧都受到嚴重的威脅。自然的不平，是陰陽調和的善因；而人為的不平，卻明顯地出於自私自利的欲求。惡因加上惡緣，當然不可能產生善果。我們若是相信因果關係，就必須同時重視善因和善緣，把常常掛在嘴上的「廣結善緣」，轉變成實際的行動。以善緣助善因，當然可以獲得安和的善果。

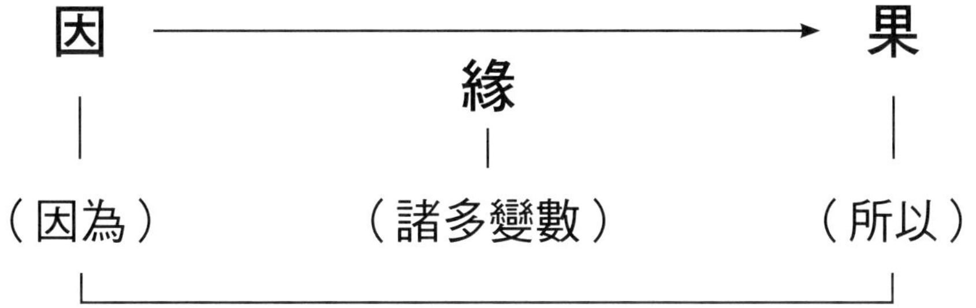

我們常說：因為……所以……。這其中含有很多變數，稱為緣。
平日廣結善緣，是為了促使善因比較容易結成善果。
否則善因未必結成善果，久而久之，就會使自己對因果喪失信心。
現代人能動不能靜，呈現出一種「一條路走到底」的直線觀念。
造成很多不良後果，使人類深受其害，最好能夠及早加以修正。

我們的建議

1 因果是自然現象，物體上升，到達最高點時必然下降。箭射得再遠，最後還是要落地。這種因果關係，隨時隨地都能驗證，合乎科學法則，並非迷信。

2 可惜很多人一聽到因果，就往迷信的方向去想。原本不迷信的人，竟然被自己給迷住了。色不迷人人自迷，也是一種奇妙的因果關係。被迷的緣罩住了、跟上了，好像跑不掉般，困在其中。而現代人為科學所迷，也可說是科學的不幸。

3 我們的任何言行，都是自己種下的因，必然就會有果的產生。謹言慎行，便是重因的表現。結什麼樣的果，還需要看有什麼樣的緣？廣結善緣，是為了促使善因結出善果。我們說「助緣」，即是指有所助益的善緣，也是對事情有利的良好關係。

4 「四十而不惑」，也可以解釋為：人活到四十歲，應該能夠接受因果的觀念，不再視之為迷信。四十歲以前還抱有疑惑，不必著急，慢慢來，再等待一些時日，自然就會不惑。

5 「當局者迷，旁觀者清」，對因果來說更是如此。自己的前因，忘記了；出現的後果，自己不滿意，這才怨天尤人，毫無作用，也改正不了，對自己而言是很大的損失。

6 我們有很多憂慮、苦惱、悲傷，其實都來自於因果關係看不清楚。社會人群不能和諧，心中不得安寧，也大多是由於因果關係看不明白。想要根本治理，最好的辦法莫過於正視因果關係。

結語

設卦的目的，原本是為了方便觀象。但是隨著文明的發展，以及語言文字的產生，人類「觀」的能力，似乎愈來愈差，因此卦爻辭的作用，便顯得愈來愈大。實際上，卦爻本身並沒有吉凶，占卦人得此卦象，是依據當事人的品德，才有了吉凶的分別。同樣占到訟卦（䷅），君子大多會設法平息爭訟，力求和解；小人即使明知爭訟並非善事，卻仍堅持爭訟到底。可見因果關係，對大自然而言，本來沒有善惡，一旦落入人事，便會由於當事人的品德修養，而產生善惡，這也才有了吉凶的分別。

卦爻辭的繫文，實際上也是因果關係的建構。乾（䷀）、坤（䷁）為陰陽本始，萬物的祖宗，所以列為上經之始，標明「用九，見群龍无首，吉」做為萬物資始的要因；「用六，利永貞」成為萬物資生的因素。離（䷝）為日，坎（䷜）為月，日月之道，陰陽之經，所以終始萬物，因此列於上經之終。乾坤坎離四正卦，象徵天地之道，陰陽之質。咸（䷞）恆（䷟）為夫婦之道，也是生育之本，列為下經的開始。未濟（䷿）、既濟（䷾）為坎離之合，也是陰陽之交，因此安排在下經的終了。卦序的排列，因果十分明白。

自乾、坤至坎、離，說的是天道；從咸、恆到既濟、未濟，說的是人事。泰（䷊）、否ㄆㄧˇ（䷋）、損（䷨）、益（䷩）四卦，是易卦的樞紐。損自泰來，而益從否ㄆㄧˇ來。泰極而否ㄆㄧˇ，否ㄆㄧˇ極泰來，是不易的因果關係。但是損而不益，益而不損，也是不可能的事情。泰居上經第十一卦，損為下經第十一卦，都是由於陰陽交合變化，到了某一階段所必然出現的關卡。天道如此，人事也不例外，更加證明天人合一的重要性。

周文王繫卦爻辭，完全是依象論理，並非以文王的身分地位來說教。卦象是「因」，卦爻辭是「果」，文王的豐富生活體驗和高明智慧，都是「善緣」。我們把卦爻辭當做「助緣」，由自己所造的「因」，透過所占的卦，推論出可能產生的「果」，這種占卜原理也就是「因果關係」，也才具有參考價值。

儒家倡導反求諸已，曾子以身作則，每日三省。凡事不言人非，但求己過。把因果關係，和自己的修德，緊緊牽繫在一起。有些人因為貧窮而去搶錢，便是缺乏自省功夫。為什麼會沒錢？必然有其原因。找到真正的原因，自然就不會去搶錢。自己受委屈時也要內省，為什麼會這樣？原因在哪裡？具有因果觀念的人，不但對自己有益，而且對社會人群的和諧、安寧，也有很大的貢獻。同樣一個因，可能會產生好幾個果。因為緣不同，所以有了變化。「緣」就是現代人常說的「條件」，因緣俱足，表示所需要的條件都具備了。佛家倡導「隨緣」，因為有緣無緣，有什麼樣的緣，往往都不是我們所能夠掌握的。有太多看得見和看不見、想得到和想不到的因素，說都說不完，想管似乎也管不了。不如一切隨緣，也就是有緣的，讓它有緣；無緣的，讓它無緣。順乎自然，合乎天性。從大自然來觀人生，而不是由我的立場來選擇、強求。人道重仁義，只要自己不斷提升品德修養，自然能夠廣結善緣。地道重剛柔，和天道重陰陽，都是氣的流行。易道重理氣象數，我們一直說「象、數、理」，接下來應該要談一談「氣」了。在下一本《易經與河圖洛書》中，我們將討論易道中的氣，並以「家和才能萬事興」為例，說明氣之於我們生活的重要性——在同一個屋簷下，充滿了各種「氣」，除了和氣生財、客氣包容之外，還需要福氣臨門呀！

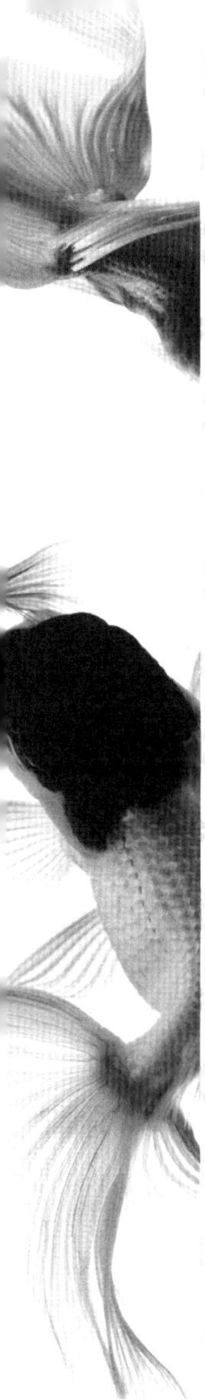

《附錄》

卦爻辭的因果關係

一、因為所以代表一種因果關係

我們在日常生活當中，經常把「因為」和「所以」連結在一起，例如：「因為塞車，所以遲到。」；「因為害怕，所以不敢答應。」；「因為缺乏經驗，所以顧慮有欠周到。」乍聽之下，好像在找藉口，實際上我們所陳述的，正是一種因果關係。我們知道宇宙間萬事萬物，呈現出一種循環往復的法則，便是我們常說的「因果定律」。「種瓜得瓜」，表示種瓜的因，產生得瓜的果；「種豆得豆」，則是種豆為因，而得豆為果。事實上，科學的基本法則就是因果定律。依據牛頓運動定律，凡有物的運動，必定有其外力。外力是因，物的運動則為果。而「靜者恆靜、動者恆動」，也是一種因果關係。

現代科學，是人為的文明。除了自然的因果律之外，還添加了很多人為的因素。自然因果律不會錯，但是人為的因素，就十分令人擔心。人類離不開科技，卻又承受很大的壓力。因為科技發展有如雙面刃，其利人之處也足以禍人，果真是「一陰一陽之謂道」。然而，這又是什麼道理呢？我們相信自然的因果律，主要是因為自然的因果，除了「因」和「果」之外，還有一些我們看不清、摸不透「緣」，也就是輔助的配套，顯得十分玄妙，卻又圓融周密。讓人們在驚奇、讚歎之餘，存有一份濃厚的敬意。我們經常謝天謝地，便是出於自然因果律所帶給我們的堅定信心，讓我們得以相信「天無絕人之路」、「上天有好生之德」。我們只要安心地自作自受，便可以放心地接受因果的自然安排。「不怨天、不尤人」，這句話便是針對自然因果律而說的。

科學的「物質不滅定律」，指出人類既不能造物，也無法消滅物。「能量不滅定律」同樣告訴我們：人類不能創造出新的能量，也不能消滅舊的能量。科學所能夠做的，只是使物質移位，產生運動。我們把物的位移稱為「動」，但是使物體移位的則是「力」，也就是「能」。力可以增減，表示物的運動有「量」和「方向」的變。力是能量，和物質有所分別，然而質能卻能夠互變。這和陰陽性質不同，卻能夠互變，其實是同樣的道理，只不過所用的名詞不一樣而已。人類所能做的，只是以人力（包括智力和體力）來改變物和能的形態，我們把它稱為「發明」（各種器具）。物由天生，器由人造成。人類不提「天生萬物」，卻但憑製造出一些機械、工具、電腦、機器人、人造衛星，便自認為是「人定勝天」。在經歷很多災難性的考驗後，現代人才開始稍有警惕，態度顯得比較收斂，不敢再像過去那樣囂張。

「天生萬物」是一種因果關係，我們把它稱為「生態網」，環環相扣並且錯綜複雜。雖然人造器具也是一種因果關係，但由於人的安排，實在不可能像天那樣周密，往往經歷一段期間之後，便會出現漏洞。可以補救的稱為改善，不能補救的，就會造成嚴重的遺憾。現代社會，遠比伏羲氏當年要複雜得多，主要原因在於除了自然（天生）之外，不斷新增了很多人為的器物。如果說自然來自天命（天的命令），那麼人為便來自人命（人的命令）。「天命」完全符合自然律，「人命」有時難免破壞了因果法則。特別是人事方面的安排和調整，常常出現不合乎倫理道德的情況，成為社會的亂源，造成人群的不幸。《易經》的法則，在這一方面顯得特別重要。

二、象、數、理構成因果關係

乾卦卦辭：「乾，元、亨、利、貞。」其中「乾」為卦名，「元亨利貞」四字代表發生、發展、功效，以及正確、堅固的因果關係。關鍵在於一個「貞」字，也就是「正」的意思。〈繫辭．下傳〉把「貞」字的作用，放大到「天下之動，貞夫一者也」。表示天下萬事萬物的所有活動，都應該堅守貞正而取法於「一」，也就是「太極」。我們可以說：萬事萬物皆來自一，又復歸於一。

「一」是因，同時也是預期的果。一切來自太極，又終將回歸太極。太極既是因，也是果，只要持正，事物就會一直持續下去，生生而不息。但是我們必須提高警覺，因為太極本身也是動的，不是靜止的。所以〈繫辭．下傳〉說：「其為道也屢遷，變動不居，周流六虛，上下无常，剛柔相易，不可為典要，唯變所適。」易道的因果關係，並非固定不變，而是不斷地變動，透過「逆」、「反」、「復」、「來」這些因果律，普遍流行於六十四卦各爻之間，或向上或向下，或陽剛或陰柔，不能夠拘泥、固執於一種固定的模式，所以說「不可為典要」，必須「唯變所適」，不斷地做出合理的階段性調整。對現代人而言，最大的障礙在於雖然謹守「動者恆動、靜者恆靜」的固定自然律，卻很難做到「適時而動、適時而靜」的亨通狀態。有時是動個不停，只能動不能靜，難以及時調整。正因為無法「知止而后有定，定而后能靜，靜而后能安，安而后能慮，慮而后能得」，所以終必有所失。有時則是靜而不動，寸步不離網路，足不出戶，成為所謂的「宅男」、「宅女」，只能靜、不能動。久而久之，什麼都不能動，豈不是違反了太極之動的本性！

乾卦用九，即在提醒我們：即使全卦都剛健，也不能一路陽剛到底，以免導致「亢龍有悔」的惡果。期望大家，即使社會一片光明，仍然要隨時保持「貞正」的心態，千萬不可大意。所以由初九「潛龍勿用」，一直到九五「飛龍在天」，中間的二、三、四爻，都應該做出合理的調整。到了九五，還應該高度自我警惕，以免過於高亢，而招致悔恨。

坤卦的「元亨利貞」，則是特別加上了「利牝馬之貞」的條件，對柔順配合提出一些限制，以免因為過分盲從而造成不利。但是用六則堅定地指出「利永貞」，表示「貞正」是永遠不可以改變的心態。初六爻辭：「履霜堅冰至。」看起來好像是固定的因果關係，實際上也會由於霜的厚薄、出現的時間、以及人為的鏟除，而產生不同的結果。我們可以這麼說：因果關係的方向不易，而其過程與時間則各有變易，所以才會導致方向不變，其結果卻有明顯的不同，與「一陰一陽之謂道」的《易經》觀點完全符合。

乾、坤如此，其餘六十二卦亦然。在周文王時代，「元亨利貞」或許只是做為占卜的斷語，並沒有其他含義。孔子以乾坤兩卦為四德，而其他各卦仍然保留占辭的功能，並不是兩位聖賢有所不同，而是時代不一樣，唯變所適而已。同樣一個「元」字，只有乾卦解釋為「始」，其他各卦則解說為「大」，用意在於特別敬重乾元的創造性，含有一開始便要求「可大可久」的意思。所以「元亨」兩字相連，可以看成始即大通。不易中有變易，變易中也有不易，這才是活的因果關係，所以變化多端，難以預測。

三、爻際關係實際上是因果關係

六爻之間的關係，也是因果關係，我們稱為爻際關係。乾卦六爻之中，二、四、上爻不正；坤卦六爻之中，初、三、五爻不當位。象徵乾坤必須合理交易，才能夠亨通。乾卦文言指出：「時乘六龍以御天也，雲行雨施天下平也。」乾元順著時間的流動，遵循或潛、或現、或惕、或躍、或飛、或亢的變化，與坤元配合，造成雲行雨施的景象，構成既濟卦，六爻都當位，所以說「天下平也」。

天下之動，既然「貞夫一者也」，爻位的正或不正，便成為十分重要的「因」。八個基本卦的正位，各有不同。乾卦以九五為正位，坤卦六二、震卦初九、巽卦六四、坎卦九五、離卦六二、艮卦九三、兌卦上六，也都是正位。乾卦九五爻辭：「飛龍在天，利見大人。」坤卦六二為：「直方大，不習无不利。」震卦初九指出：「震來虩虩，後笑言啞啞，吉。」巽卦六四：「悔亡，田獲三品。」坎卦九五為：「坎不盈，祇既平，无咎。」離卦六二：「黃離，元吉。」艮卦九三：「艮其限，列其夤，厲薰心。」兌卦上六：「引兌。」其中九五、六二為中位，乾、坤、坎、離四卦為四正卦，正位的爻都居中，所以皆吉。震、巽、艮、兌四隅卦，正位的爻並不居中，因而都加入一些警語。可見易卦「居中為吉」，十分明顯。中不一定正，而正也未必皆居中位。既中又正當然最好，中而失正往往也勝過正而不中。可見合理與否？便是最要緊的「因」。

易卦中，蒙、師、比、小畜、无妄、坎、萃、升、困、井、兌等十二卦，為「剛中」；訟、漸、節、中孚四卦，則稱為「剛得中」。都是因為九五這一爻，或者九二這一爻，以及九五、九二這兩爻，所種下的「合理」的「因」。

《易經》認為：天下的道理，最善的莫過於「中」，也就是「合理」。坤卦六五，不當位，所以不正，然而爻辭卻說：「黃裳元吉」。泰卦九二、離卦六二、既濟卦六二、夬（ㄍㄨㄞˋ）卦九二、師卦九二，無不因中而吉。而中國之所以稱為中國，意思應該是「凡事求合理（中）的國家」。中國人也應該力求「無一事不合理」，那就是大家所推崇的「中庸之道」，這些觀念，都是深受《易經》的影響所致。

爻位除了「正」與「不正」之外，還有「承」、「乘」的關係。由於陽先陰後，陽健陰順，所以陽爻位於陰爻之上，為「正」，稱為「承剛」，大多吉祥。倘若陽在下而陰居上，那就是「不正」，叫做「乘剛」，大多會有凶險。但是，有時會因為受到「時」、「應」、「中」的影響，也有例外的情況發生，同樣是變易的。

「時」是非常重要的因，「時義」、「時」、「時用」的因素，可以說是「承」、「乘」關係產生例外情況的主要原因。除了當位不當位，還要看得時或失時，合在一起看，也就是加以綜合判斷。而「應」指「感應」，屬於看不見的勢力，主要表現在初爻與三爻、二爻與五爻、三爻與上爻，彼此間是否陰陽相應？倘若這兩爻，分別為一陰一陽，就是相應而吉祥；如果這兩爻同為陽爻或陰爻，那就是不相應，由於沒有感應而導致凶禍。乾卦文言說：「同聲相應，同氣相求，水流濕，火就燥，雲從龍，風從虎；聖人作而萬物覩。本乎天者親上，本乎地者親下，則各從其類也。」感應也可以視為一種因果關係，因為聲音相類似，所以同聲相應；由於氣息相接近，因而同氣相求。水流向潮濕的地方，火燒向乾燥的地方，雲隨從龍而飄行，風隨從虎而移動。聖人看到這些自然的因果關係，把它們歸納總結，同樣獲得天下的共同景仰。因為根源於天的動物，頭部向上；而根源於地的植物，則根部向下。各種事物，都依其同類而相從，說起來也是十分自然的因果關係。

四、合理的因果關係必須隨時調整

孔子認為《易經》是開創萬物、成就事務，包容天下萬事萬物之理的一本書。我們只要看清楚坤代表關閉的門戶，而乾代表開啟的門戶，一開一闔即為變化，將變化顯現出來就成為表象。變化成有形的稱為器具，而製造器具來使用的叫做效法。我們幾乎每天都在運用《易經》的道理，卻不知曉，這才叫做神妙。六十四卦的成立，各有不同的取義。有時候所取的義，還可以分成好幾種，譬如大畜卦的意義，原本為「畜」，但是細分來看，又有「畜德」、「畜賢」、「畜健」三方面。晉、升、漸三卦，同樣有「進」的意思，但是「晉」為日開始升進，最具優勢，而「升」和「漸」則都是以木為喻。「升」如木初生，升得快；「漸」是木的逐漸成長，比升差一些。晉卦有明的象，升、漸並沒有明的象徵。這些變化，都在告訴我們：天下萬事萬物，基本的「因」僅在一陰一陽，此外並沒有其他因素。然而千變萬化，產生不一樣的「果」，主要是剛柔互推，陰極生陽，而陽極成陰，可以說是過程不同，因而導致了不一樣的結果。過程比結果更重要，用意即在過程可以改變結果。我們之所以能夠改變命運，關鍵即在於調整過程。

過程是什麼？便是我們常說的「緣」。陰陽相遇，是緣。陰陽變化，也是緣。多少陽和多少陰互動，還是緣。加以緣能生，必能滅，又增添了許多預想不到的變化。生和死是固定的，其他的情節全是變化的，所以說「萬般皆緣」。卦有綜卦、錯卦，中互卦，六爻中只要有一爻變，就會立即轉變成另外一個卦。不論吉凶悔吝，都是緣生緣滅所帶來的後果。其實最好的方法，是不必管它究竟是善緣或惡緣，都心懷喜悅，以積極的態度來回應。隨遇而安、知足常樂，正是這樣的成果。由此可見，道德修養是最有效的改命良方，應該成為我們所奉行的最高信仰。因為只有品德修養良好的人，才能夠不分善緣、惡緣，盡皆圓滿。我們常說「一切隨緣」，便是不管卦怎麼變、爻怎麼化，都能抱持貞正的心態，不怨天、不尤人，以正面、樂觀、積極的態度，用平常心加以看待。時間是最好的解藥，一旦過程完畢，一切便又回復正常了。

廣結善緣，應該是最為有利的態度。六十四卦互有牽連，我們真的不知道下一步會出現什麼樣的卦？即使占卜得再神準，也難保日後有所變化。所以順著卦德的提示，處屯卦用動，遇蹇卦用止；處豐卦用明，遇困卦用悅；需的時候用剛，訟的時候用柔；賁的際遇宜剛，噬嗑的遭遇宜柔；家人相處用剛，旅居在外用柔。無論身處哪一種卦象，都以合理的「中」為原則，也就是健、順、動、止、明、悅、剛、柔，都力求合理。即使避不開凶禍，也能夠大化小、小化了，獲得无咎。《易經》所說的「自天祐之，吉无不利」，關鍵應該在於平日廣結善緣，利己利人的事多做，不利己不利人的事不做，不利己卻能利人的事盡力去做。

要時時提醒自己：世事多變化，我們所說的「無常」，實際上就是「有常」，成為一定的常則。平常心，就是把不平常的現象，當做平常來看待。當我們面對不確定的未來時，誰也沒有絕對的把握，充其量只能抓住相對的機會。而能否如願？只有一種事情最具影響力，那就是我們自己的品德修養。品德良好，才有逢凶化吉的可能。有時盤算錯誤，居然歪打正著；有時來勢兇猛，卻幸而改變方向；有時眼見躲不過，結果卻有驚無險。所以《大學》說：「自天子以至於庶民，壹是皆以修身為本」，實在是十分透澈的見地。

及時調整，是每一個人都必須做的。然而，究竟調整得合不合理？則是由於理不易明，加上理會變化，並沒有固定的準則，所以「盡人事以聽天命」，是在無可奈何當中，唯一可行的有效途徑。其成敗關鍵，即在於自己的品德修養。相信每一個人，只要心平氣和，都能夠明白其中的奧妙。

五、結語與建議

因果是自然現象，一點也不迷信。孔子「四十而不惑」，所「不惑」的，其實就是因果。但是，孔子也明白因果是變化的，並不固定。《論語・述而篇》記載：「富而可求也，雖執鞭之士，吾亦為之。」表示財富倘若有一定的求取途徑，哪怕是再辛勞、再卑微的勞務，孔子也願意嘗試。孔子認為富與貴，是人人都喜歡的，但若不依循正道而得到富貴，也無法安享；貧與賤，是人人都厭惡的，但若不依循正當的道理，即使能夠避開，也不願意擺脫。孔子已經悟出「什麼都靠不住，只有道德最為可靠」的道理。所以《論語・述而篇》記載孔子五十六歲時，在宋國教導弟子，於大樹下習禮。當時宋國的司馬桓魋(ㄊㄨㄟˊ)要殺孔子，令人把樹拔掉。孔子率領弟子離去，弟子問老師：「要不要跑快一點？」孔子回答：「上天給我以德性，桓魋怎奈我何！」可見孔子對於道德的信仰，是非常堅定的。

實際上，因果關係的認定，是人群社會安定的主要力量。相信因果的人愈多，大家就愈不敢只重視結果，而不注意種善因。我們的一生，從出生、成長、生病到死亡，都是我們所自編、自導、自演的一齣戲。我們必須充分瞭解為什麼自己的自主性和創造力，會受到諸多侷限的真正原因，才能夠擁有知足常樂、隨遇而安的心態。若是大多數人都能明白這樣的道理，社會自然就會安定有秩序，人們便能達到「生無憂而死無懼」的境界。人類互助，和諧共處，互通有無，共同發展，也才有機會獲得寶貴成就。現代人相信「眼見為憑」，這是很好的態度。然而，「眼見為憑」也是「一陰一陽之謂道」，一為「眼見是實」，一為「眼見為真」。大致上，西方人大多相信「眼見是實」，而炎黃子孫則大多認為「眼見為真」。現代科學已經證明，有很多東西是眼睛看不見的，即使能看見也未必真實。炎黃子孫老早就明白：我們的眼睛看不到眼外的實物，所以接受「眼見為真」的觀點——把眼睛所看見的，勉強當做是真的。既然眼見也不一定能為憑，所以我們奉勸各位，凡事相信到差不多就好。再深信下去，就難免迷信了。凡事不可不信，也不可盡信。對於因果律，最好也能抱持這樣的心態。因為不確定的因素實在太多，凡事都有例外，必須以「大致如此」為原則，靜觀其變、唯變所適。若能如此，或許有朝一日，便能真切領略何謂孔子所言「從心所欲而不逾矩」的合理人生。

《精選課程》系列

曾仕強文化

獨家設計開創的經典課程

《決策易》

Course for the Application of I-Ching in Policy-making

《易經》一卦有六爻，分別代表事情發展、變化的六個不同階段，可做為擬定決策時的良好參考。不讀《易經》，難以培養抉擇力，這部千古奇書，可謂「中國式決策學」的帝王經典。

《生活易》

Course for Daily Application of I-Ching

《易經》帶給我們的不只是理論，更是一種思考方式的訓練。生活易課程教你如何輕鬆汲取易理智慧，開發多元思考方式，發揮創意解決問題，能讓你的生活過得更簡易，也更有樂趣。

《奇門易》

Course for Cosmic Divination of I Ching (Qi-men Yi)

奇門易可瞭解事情的癥結點，進而佈局調理、擇時辨方。《易經》及占卜，能作為制定決策的最佳參考指南；而奇門易，則告訴你執行決策時最有利的時機及方位，具有相輔相成效果。

《乾坤易》

Course for Dynamics of Khien and Khwan in I Ching

「乾知大始，坤作成物」，啟示我們「乾」代表開創的功能，腦袋裡有想法、有創意，是一件事情的開始；「坤」代表執行功能，經過實踐的過程，把事情給具體落實，而且收到成果。

課程洽詢專線：02-23611379 / 02-23120050

曾仕強文化
TSCICHING

手機掃描QR CODE連結至學友專屬
Line@官方帳號

《經典傳承》系列

《易經經文班》

Course for the Text of I Ching

《易經》六十四卦、三百八十四爻，並非靜態呈現，而是彼此互動，有快有慢、時時變化。每一卦、每一爻，都是生命的入手處，想要有效學習、深入瞭解，最好能夠從熟悉經文開始。

《易經繫辭班》

Course for the Great Commentary of I Ching

人生長於天地之間，必然會受到天地以及陰陽之氣的交互影響。《繫辭傳》說：「有天道焉，有人道焉，有地道焉，兼三才而兩之。」——所有中國哲學的思考，都沒能超出這個範圍。

《易經》其大無外，其小無內；廣大精微，無所不包，64 卦 384 爻 4096 種變化，是解開宇宙人生的終極密碼。能打造出一個內建《易經》智慧的大腦，等於是和宇宙能量接軌，取之不盡，用之不竭，絕對是您今生最睿智的投資。

古人有言：富不學，富不長；窮不學，窮不盡。人不能不學習，既然要學，就要學最上乘的智慧，才不會浪費時間。曾仕強文化擁有最優秀的黃金師資陣容，課程深入淺出，一點就通。誠摯邀請您即刻啟動學習，一同進入「易想天開」的人生新境界！

《老子道德經》

Course for Lao-tzu's Tao Te Ching

「知人者智，自知者明；勝人者有力，自勝者強。」《道德經》短短五千餘字，談的都是人間行走的智慧。老子告訴我們：先把做人的基礎打好，未來的人生道路，就會比較易知易行。

《孫子兵法現代應用》

Modern Application of Sun-tzu's The Art of Warfare

「善動敵者，形之，敵必從」;「善戰者，求之於勢」。「形」與「勢」，是作戰前必先考量的策略面。《孫子兵法》是中國最早的謀略兵書，能教你佈形造勢，知己知彼，百戰百勝！

《史料未及》

The Unexpected Records of The Grand Historian

針對《史記》近百位歷史人物，結合《易經》智慧做精彩分享。讀經典學觀念，讀歷史學做法，可謂乾坤並重、知行合一。在生命中的某一刻，能與千古智慧相遇，絕對是幸運無比的！

「解讀易經的奧祕套書」全系列共 18 冊

- 卷 1《易經真的很容易》
- 卷 2《易經的乾坤大門》
- 卷 3《人人都不了了之》
- 卷 4《易經的中道思維》
- 卷 5《轉化干戈為玉帛》
- 卷 6《人生最難得有情》
- 卷 7《生無憂而死無懼》
- 卷 8《通就是宇宙真理》
- 卷 9《解開宇宙的密碼》
- 卷 10《還自然一個公道》
- 卷 11《易經由象數推理》
- 卷 12《道德是最佳信仰》
- 卷 13《易經的占卜功能》
- 卷 14《因果使社會安和》
- 卷 15《易經與河圖洛書》
- 卷 16《誠意溝通天地人》
- 卷 17《出類拔萃多靈氣》
- 卷 18《革故鼎新好創意》

書籍洽詢專線：02-23611379 / 02-23120050